누구나
가장 가까운 이에게
가슴 속 깊이 묻어 두고 미처 전하지 못하는 말이 있습니다
그 마음을 대신하여 전합니다

66

꼭 성공하지 않아도 괜찮아,
먼저 너 자신을 좋아해.
무엇보다 따뜻한 사람이 되자.
1등이 행복한 것이 아니라,
아름다운 사람이 행복한 거야.

99

KB134205

.... 님께

.... 드립니다

아들아, 머뭇거리기에는 인생이 너무 짧다 **V**
〈강헌구의 인성수업〉을 읽고

나는 국어, 영어, 수학의 성적'만'으로 제자들의 자질을 평가하는 교사는 아닐까? 이 책의 "나는 비교하지 않습니다"라는 장을 보면서 든 생각이다. 우리나라 사람들이 부러워하는 나라인 미국과 이스라엘에서는 교사들이 먼저 "다른 과목을 못해도 미술, 음악을 잘 한다"는 제자의 재능을 일깨워주기 위해 노력한다는 내용을 읽을 때에는 부끄러움마저 느꼈다. 제자들에게 인성을 갖추라 하기 전에, 나부터 교사로서의 인성을 갖춰야 하지 않을까 싶었다.

안산 관산 초등학교 교사 김지은

책을 집어 들고 처음 든 생각은, '아, 이 책 예쁘다'. 게다가 책 속에 좋은 그림들이 풍성하게 담겨 있다! 명화도 알고 좋은 이야기도 읽고 일석이조였다. 그림 밑의 설명들을 보니 생각보다 상세하게 설명해 주고 있었고, 지금도 마음에 남는 조언 같은 말들이 많아서 몇몇 글귀를 메모하며 읽었다.

mong_geek

이 책의 '다르다고 멀리하지 않는 친구' 이야기를 보면서 나는 '나와 외모가 다른 사람들'을 어떻게 대하는가 생각해 보았다. 나 또한 다른 나라에 가면 '외국인'이라는 이야기 속 안젤리나 킴의 말을 통해, '외국인'에 대한 편견을 없애고 '나와 같은 인간'이라는 마음으로 대해야 한다는 것을 깨우쳤다.

김포 풍무 중학교 1학년 최한빛

글로벌 사회에서 활약하기 위해 어떤 성품을 갖춰야 하는지 보여 주고 있는 책 같다. 내 안의 이야기에만 머물지 않고, 좀 더 넓은 세계를 무대로 이야기하고 있는 것이 마음에 들었다. 밝고 희망찬 느낌이 든다! 읽고 있으면 나도 덩달아 밝아지는 것 같은 책!

thisisnot_a

설교하듯 말하지 않아서 좋다. 이야기가 많이 있어서 이해하기 쉬웠다. 이 책을 읽으면서 특히, 다양한 성격을 가진 친구들을 있는 그대로 인정하지 않았던 나를 반성할 수 있었다. 이 책을 읽고 친구들과 나의 다른 점을 인정하고 배려해야겠다고 생각하게 되었다.

제주 남 초등학교 6학년 노정철

존귀한 자가 되겠다는 어린 시절의 꿈을 이루지 못했다며 절망하는 이들에게 이 책을, 특히 "'나의 시간'이 다가오고 있습니다"의 일독을 권한다. 각각 보석상자, 왕의 요트, 높은 곳에 우뚝 선 상록수가 되고자 했던 세 나무들은 당장 자신들의 꿈을 이루지 못했다며 고통스러워했다. 하지만 그것은 그들이 왕 중 왕을 모시게 되기까지 겪은 시련에 불과했다. 주님께서는 크게 쓰고자 하는 자를 일단 고통에 빠뜨리신다는 말이 생각나는 이야기다.

하늘교회 목사, 백석 대학교 교수 이정훈

인간성 좋은 사람이 되라는 부모의 조언과도 같은 책! 내가 내 아이에게 해 주고 싶은 이야기들이 따뜻한 어투로 적혀 있어서, 마음을 이 책으로 대신 전할 수 있을 것 같다. 내 아이에게 꼭 선물해 주어야겠다고 생각했다.

w_w4mk

인성 좋은 사람은 어떤 사람을 말하는가? 이 책은 엄격한 잣대로 저 멀리 있는 이상의 인간, 완벽한 인성의 사람을 가리키고 있지 않다. 이 책은 단지 독자들에게 더불어 살아가는 세상 속에서 따뜻함을 잃지 말라고 조언하고 있을 뿐이다. 그 점이 참 좋다.

주부 작가 이해원

이 책은 쉬운 말로 되어 있다. 여러 이야기들을 통해 어떻게 살아가는 것이 좋을지 일깨워 주고 있다. 나, 주변, 그리고 세계로 점차 반경이 넓어지는 이야기들을 읽고 있자니, 미래를 꿈꿔 보게 만들고, 긍정적이고 진취적인 자세로 살고 싶어지게 한다.

nonnihite

인성을 교육하는 것이 가능할까? '이렇게 해야만 한다'라며 가르친다고 해서 좋은 인성이 만들어지는 것이 아니기 때문에 나는 의아했다. 그러나 이 책은 강요하지 않는다. 풍부한 이야깃거리들을 통해 독자로 하여금 스스로 깨우치도록 하고 있다.

예천 아롱다롱 어린이집 원장 안양숙

인성수업이라고 해서 고결하고 훌륭한 어떤 정신에 대해 논할 줄 알았다. 그러나 이 책은 우리가 마땅히 갖추어야 할 기본적인 것들을 말하고 있다. 완벽하지 않은 나라도 '프라이드'를 가지라고 말하고 있는데, 완벽하지 않아도 된다는 그 말에 왠지 모를 용기를 얻은 것 같다.

bcgkim

아들아, 머뭇거리기에는
인생이 너무 짧다 Ⅴ

강헌구의
인성수업

내가 갖고 싶은 것, 내가 하고 싶은 일, 내가 되고 싶은 모습을,
내 마음 속에 총천연색으로 그린다. "이제 내 삶은 나의 것이다!"라고 외친다.
우뚝 서기, 나를 만나기, 너와 만나기, 세계를 만나기, 중심에 서기를 다짐한다.
오늘 나는 정직, 책임, 존중, 배려, 예의, 소통을 기쁘게 실천한다.

아들아, 머뭇거리기에는
인생이 너무 짧다 **V**

강헌구의
인성수업

강헌구 지음

한언

나의 얼굴이 나의 인성입니다
나는 내 얼굴에 책임을 질 것입니다

고흐는 자화상을 많이 남겼다. 어떠한 삶의 역경도 그를 굴복시킬 수는 없었다. 고흐는 어려울 때마다 자신의 모습을 반복해서 그렸다. 특히 이 작품에서는 이전 시기의 작품과는 다른 특징들을 볼 수 있다. 얼굴에는 밝은 노란색을 사용했고, 푸른색 옷 위에도 분홍색과 주황색을 사용했다. 고흐의 특징적인 표현 기법인 짧은 선들도 두드러져 보인다. 그는 고난과 고통 속에서도 예술가로서의 자존감과 자부심을 그림을 통해 보여 주었고, 그림에 대한 희망의 끈을 끝까지 놓지 않았다.

빈센트 반 고흐Vincent Van Gogh, 네덜란드 1853~1890, 〈예술가의 초상〉, 1887
Oil on canvas, 44.1x35.1cm. Musée d'Orsay, Paris

Contents

자기 자신을 하찮은 사람으로
깎아내리지 마라.
무슨 일을 하더라도
자기 자신을
사랑하는 것부터 시작하라.
아직 아무것도 이루지 못했을지라도
자신을 항상 존귀한 인간으로
사랑하고 존경하라.

프리드리히 니체Friedrich Nietzsche

내가 이룬 업적 가운데
가장 위대한 것은
바로 내가 있다는 것이다

스티븐 호킹Stephen William Hawking

"내가 먼저 도착했잖아. 무슨 소리 하는 거야?"
"당신이 이겼다뇨? 천만에요, 내가 이겼어요.
내가 당신보다 훨씬 더 아름답게 달렸는 걸요?"

어떤 영국인이 남태평양을 탐험하기 위해 여행을 떠났습니다. 그는 민첩한 원주민 한 명을 안내원 겸 조수로 채용해서 함께 여행을 했습니다. 그러던 어느 날 해변을 걸으며 주위를 둘러보던 영국인은 석양이 빚어내는 아름다움에 대해 온갖 찬사를 늘어놓다가 원주민에게 말했습니다.

"여기서부터 저~쪽에 있는 나무까지 달리기 시합을 하는 거야. 2주일 후에 시합을 하도록 하지. 그동안 각자 연습해 오자."

약속된 시합 날이 되었습니다. 영국인과 원주민이 출발선상에 섰습니다. 출발 신호가 울리자마자, 영국인이 앞으로 튀어 나갔습니다. 그는 몸을 한껏 앞으로 내밀면서 온 힘을 다해 달리고 또 달렸습니다. '원주민은 나보다 훨씬 젊고 날쌔니까, 난 젖 먹던 힘까지 다 내야 이길 수 있을 거야!' 영국인의 얼굴은 잔뜩 일그러졌습니다. 몸 이곳저곳에 쥐가 나는 듯했습니다. 그래도 영국인은 이를 악물고 백사장을 달려 결승선을 돌파했습니다. 영국인은 거친 숨을 몰아쉬며 바닥에 철퍼덕 주저앉았습니다. '원주민은 어디쯤 오고 있을까?' 뒤를 돌아보는 영국인의 표정이 의기양양해졌습니다.

원주민은 이제 막 중간 지점을 통과하고 있었습니다. 원주민이 달리는 모습은 조금 독특했습니다. 마치 파도에 둥둥 떠내려가고 있는 것 같기도 했고 사뿐사뿐 춤을 추는 것 같기도 했습니다. 그는 큰 보폭으로 얼굴 가득 웃음을 머금은 채 여유 있는 모습으로 달려오고 있었습니다. 얼마 후 원주민이 결승선을 통과했습니다. 그런데 원주민은 영국인을 보자마자 껑충껑충 뛰면서 "내가 이겼다! 이겼다!"라고 환호성을 지르는 것이 아니겠습니까.

영국인은 황당해하며 원주민에게 말했습니다.

"내가 먼저 도착했잖아. 무슨 소리 하는 거야?"

원주민은 이렇게 대답했습니다.

"당신이 이겼다뇨? 천만에요, 내가 이겼어요. 내가 당신보다 훨씬 더 아름답게 달렸는 걸요?"

먼저 도착한 쪽이 이긴 걸까요, 아니면 더 아름답게 달린 쪽이 이긴 걸까요? 원주민에게 있어 게임에서 이기는 기준이란 빨리 도착하는 것이 아니었습니다. 아름답게 달리는 것이었습니다.

인생이라는 게임도 마찬가지입니다. 우리 주변에는 이 영국인 같은 기준으로 사는 것이 옳다고 믿는 사람이 많습니다. 이를 악물고 죽을 힘을 다해 1등을 하려는 사람들 말입니다. 더 유명한 대학, 더 높은 자리, 더 많은 것을 원하는 사람들은 그것들이 행복이라고 믿고 있습니다. 그러나 수단과 방법을 가리지 않고 무조건 남보다 앞서는 것이 과연 진정한 승리일까요? 게임에 이기는 것보다 게임을 통해 우정을 다지거나 다른 사람들과의 조화를 배우는 것이 더 중요하지 않을까요? 풍요로운 삶에서 한 걸음 더 나아가 아름다운 삶을 지향해야 하는 것 아닐까요?

다른 사람보다 먼저 결승선에 빨리 도착하는 것만이 능사가 아닙니다. 도착하기까지 그 과정이 어떠했는지, 얼마나 아름다웠는지가 더 중요해지고 있습니다. 시험에서 성적을 잘 받는 학생보다 다른 사람들과 대화를 잘 할 줄 알고, 인간관계를 잘 이끌어 가는 학생이 더 박수를 받기 시작했습니다. 기회를 잘 포착하고 줄타기에

능한 사람보다 자기 의견을 분명히 밝히면서도 배려할 줄 아는 사람에게 더 중요한 일이 주어지는 것이 최근 자연스러운 흐름이 되고 있습니다.

임기응변에 능한 사람보다 지킬 것은 지키는 사람이 더 대접받을 수 있습니다. 핑곗거리를 잘 찾아내는 사람보다는 과감하게 몸을 던질 줄 아는 사람이 리더십을 발휘할 것입니다. '굿이나 보고 떡이나 먹기'보다는 직접 굿을 하고 떡을 쪄야 합니다. 참여, 관용, 준법, 대화, 저항, 돌봄, 그리고 배려 같은 시민적 덕목들이 몸에 배지 않는다면 글로벌 시티즌으로 인정받기 어려워졌습니다.

글로벌 시티즌에게 요구되는 이러한 성품과 행동들은 타인을 나와 같거나 나보다 소중한 존재로 여기는 마음, 즉 존중에서 우러나는 것입니다. 모든 사람을 있는 그대로 받아들이고 그들의 잠재력과 가능성을 인정한다는 뜻입니다. 존중은 모든 인격적 성숙의 기초가 되며 자기, 타인, 자연을 아끼는 예리한 감수성에서 우러나는 것입니다. 존중은 추종, 복종, 맹종, 굴복과는 다른 개념입니다. 존중과 굴복은 전혀 다른 것입니다. 굴복은 상대에게 엎드리는 것이지만, 존중은 예의를 갖추는 것입니다. 그러므로 상대가 원하는 것을 다 따르는 것이 존중은 아닙니다.

존중을 하나의 아름다운 건축물이라고 합시다. 거기에는 아주 특별한 주춧돌이 있습니다. 그것은 자아 존중감입니다. 자기를 존중하는 사람이 남도 존중할 수 있기 때문입니다. 스스로를 존중한다는 것은 어떤 것일까요. 자신을 스스로 비하하는 말을 입 밖에 내지 않고 내면적으로도 스스로를 과소평가하지 않는 것입니다. 자신의 몸과 마음을 소중하게 다루며 건강하게 잘 관리하는 것을 말합니다. 자기를 존중하는 사람은 신체, 정신, 감성 모두를 아낄 줄 압니다. 마음만 먹으면 누구나 스스로를 존중할 수 있습니다.

　　우리가 먼저 미소를 지으면 상대방도 미소를 지을 것입니다. 우리가 누군가를 떠밀면 그도 우리를 떠밀 것입니다. 존중과 진심을 가득 담아 사람들을 대하면 그들 역시 우리를 그렇게 대해 줄 것입니다. 여러분의 친구에게 더욱 좋은 친구가 되어 주세요. 사람들로부터 더욱 환영받는 사람이 되세요. 그 전에 우선 자신을 사랑하세요. 글로벌 시민사회를 한 단계 업그레이드시킬 주역은 바로 당신입니다.

베르메르는 따뜻한 느낌의 그림들을 그렸다. 빛을 맑고 부드럽게 표현한 것, 색 표현이 뛰어난 것이 베르메르 그림의 특징이다. 베르메르는 일상 속의 여성들을 주로 그렸는데, 그 여성들은 스스로를 긍정하고 자신을 사랑하는 분위기를 갖고 있다. 무언가에 열중해 있거나 생각에 잠겨 스스로의 삶을 설계하는 자기주도적 성찰의 모습을 많이 보여 주고 있다.

요하네스 얀 베르메르Johannes Jan Vermeer, 네덜란드 1632~1675, 〈편지를 쓰는 여인〉, 1665~1670
Oil on canvas, 45×39.9cm. National Gallery of Art, Washington

Lesson 01

우뚝 서기

PRIDE
나에겐 프라이드가 있습니다

나는 나입니다
나는 가능성입니다
나는 비교하지 않습니다
'나의 시간'이 다가오고 있습니다
나의 가격은 내가 결정합니다
나에게는 권리가 있습니다
나에게는 명예가 있습니다

나를 소중히
여기는 것부터 시작하는
스스로의 가치 올리기

당신을 행복하게 하지 않는 사람에게서 떠나세요.

당신의 성장에 도움이 되지 않는 사람,

당신을 위하지 않는 사람에게서 떠나세요.

누군가 당신에게 사랑도, 존경도 표하지 않는다면

당신에게 어떤 가격이 매겨져 있는지

가격표를 확인해 보세요.

아마도 너무나 낮은 금액이 적혀 있을 겁니다.

대체 누가 당신에게 그런 가격표를 붙여 두었을까요?

그것은 다른 누구도 아닌 바로 당신 자신입니다.

빈도 알토비티라는 젊은 은행가의 초상화다. 소년 티를 채 벗지 못한 이 젊은 미남자는 오른쪽 어깨 너머로 조금 놀란 듯, 호기심이 가득 찬 눈초리로 무엇인가를 응시한다. 그의 표정은 신비스러워 보인다. 새로운 것에 대한 자신감이 차 있는 호기심 어린 눈빛이야말로 젊음의 특권이다. 그것은 환하게 빛나고 있으며 한없이 신비스럽다. 자신의 가격표에 높은 금액을 적어 놓은 듯한 모습이다.

라파엘로 산치오Raffaello Sanzio(Raphael), 이탈리아 1483~1520, 〈빈도 알토비티의 초상〉, 1512~1515
Oil on wood, 60×44cm. National Gallery of Art, Washington

화려한 모자를 쓴 소녀의 얼굴에는 감정이 드러나 있지 않지만 그래도 눈망울만은 반짝거린다. 소녀는 어깨 너머로 무엇인가를 본다. 인생의 신비와 앞으로 자기 자신에게 닥칠 미래를 강한 호기심과 궁금증으로 응시하고 있다. 마치 이렇게 스스로에게 말하듯이.

66 이 세상에서 단 하나뿐인 존재
나는 나,
못나도 나,
근데 나름대로 괜찮아 99

요하네스 얀 베르메르Johannes Jan Vermeer, 네덜란드 1632~1675, 〈빨간 모자를 쓴 여인〉, 1665~1666
Oil on wood, 22.8×18cm. National Gallery of Art, Washington

나는 나입니다

I am me and I am okay

나는 이 세상에서 유일한 존재

조금 비슷한 사람은 있을지 몰라도

완전히 똑같은 나는 없어

그러니까

나에게서 비롯된 모든 것이 바로 나 자신이야

알고 보면 내가 전부 선택한 것들이거든

내 마음, 그리고 마음이 담고 있는 모든 생각들

내 눈, 그리고 내 눈이 바라보는 모든 것

내 감정, 분노나 기쁨, 좌절, 사랑, 실망, 즐거움 전부

내 입, 그리고 입 밖으로 뱉어져 나오는 내 모든 언어들

그것들이 옳든 그르든, 정중하든 거칠든

내 목소리, 그것이 나긋나긋하든 크든 상관 없이 전부

다른 사람에게든 나 자신에게든 내가 행하는 모든 행동들도

나의 환상, 나의 꿈, 나의 소망, 그리고 나의 모든 공포

내가 누렸던 영광, 성공, 실패, 그리고 숱했던 실수들

이 모든 것이 내게 있기 때문에 나는 나를 충분히 이해할 수 있어

그래서 날 사랑하고 아낄 수 있는 것이고

그래서 그것들이 날 이롭게 만들도록 할 수도 있어

나도 알아, 나에게는 날 혼란스럽게 하는 내가 있고

내가 모르는 나도 있다는 것을

하지만 내가 나를 아끼고 사랑하는 한,

나는 용기 있고 희망 가득한 마음으로

좀 더 나를 알아 갈 수 있을 거야

무엇을 보고 듣고 행하든,

무엇을 생각하고 느끼든 매 순간이 바로 나 자신

그리고 그건 내가 어디쯤 가고 있는지를 보여 주고 있어

어쩌면 나중에 이 많은 것들 중 몇은

나와는 정말 맞지 않았다고 생각하게 될지도 몰라

그렇다면 버리면 돼

그리고 그 빈자리엔 새로운 것들을 찾아서 다시 채워 두는 거야

내가 보고 듣고 느끼고 생각하고 말할 수 있다는 것

그리고 행동할 수 있다는 것, 나는 알고 있어

나는 살아가는 방법을 알아.

그리고 좀 더 생산적으로 사는 방법도

주변 사람들을, 세상을 이해하는 법도 알아

나는 나니까, 나를 잘 다뤄 나갈 수 있어

나는 나,

그리고 나름대로 괜찮아.

버지니아 사티어Virginia Satir, 〈자존감 선언My Declaration of Self-Esteem〉

이 글은 자존감 회복 및 가족 치료 전문가로 유명한 버지니아 사티어Virginia Satir의 시입니다. 사티어는 한 10대 소녀로부터 행복하게 살려면 무엇을 준비해야 하느냐는 질문을 받은 적이 있습니다. 이 글은 그에 대한 답변이며, 우리에게 왜 자존감을 가져야 하는지, 왜 자존감을 가져도 괜찮은지 잘 보여 주고 있습니다.

대담하게 자신을 믿어라
자신을 믿지 않는 사람의 말은
언제나 거짓말이다
사람은 자기 자신부터
사랑하는 법을 배워야 한다

프리드리히 니체Friedrich Nietzsche

수용소에 있을 때나 먹을 것을 구하기 위해 길거리를 방황하고 있을 때도, 나는 내가 세계에서 제일가는 배우라고 믿고 있었다. 어린아이가 이런 생각을 했다고 하면 이상하게 들리겠지만, 그래도 그렇게 강한 믿음을 갖고 있었던 것이 나를 구했다. 그런 확신이 없었다면 나는 고달픈 인생의 무게에 짓눌려 일찌감치 삶을 포기해 버렸을 것이다.

찰리 채플린Charles Chaplin

오직 '자존감' 하나로 바라보는 이를 압도하는, 이 젊은 화가의 맑고 투명하고 당돌한 눈동자를 보라!

아메데오 모딜리아니Amedeo Modiglian, 이탈리아 1884~1920, 〈탁자 앞에 앉아 있는 샤임 수틴의 초상〉, 1916
Oil on canvas, 92x60cm. National Gallery of Art, Washington

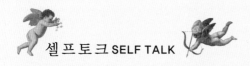

셀프 토크 SELF TALK

다음 문항들을 읽고 체크해 보세요. 정답은 없습니다. 여기에서의 **O** **X** 는 스스로에게 던지는 질문일 뿐입니다. 자기 자신에 대한 질문에는 '정답'이라는 것이 없습니다. 중요한 것은 스스로가 자신에 대해 묻고 자기 자신에 대해 얼마나 제대로 알고 있는가입니다. 이제 자기와의 대화를 천천히, 아주 천천히 나눠 보세요.

- 버지니아 사티어의 생각은 옳지 않다. 행복하게 살기 위해서는 내가 누구인지를 아는 것보다 능력을 갖추는 것이 더 중요하다. **O** **X**

- 먼저 내가 누구인지를 알아야 능력을 기를 수 있다. **O** **X**

- 자기를 소중하게 여길 줄 알면서도 스스로를 돌아볼 줄 아는 사람이 타인도 존중할 수 있다. **O** **X**

- 스스로를 지나치게 의식하다 보면 외부 세계나 타인에게 마음을 열기가 어려워진다. **O** **X**

나를 용서합니다

나는 이제 나를 용서합니다.

원하는 것을 손에 넣을 수도

그것을 누릴 수도 없다고 생각했던 나를 용서합니다.

내가 원하는 존재가 결코 될 수 없을 거라고

너무 오래 생각해 왔던 나를

나는 나를 지금 용서합니다.

시에나 드로한Ceanne DeRohan

나는 가능성입니다

나는 무엇이 될 수도, 무엇이 되지 않을 수도 있다.
나는 하나의 거대한 가능성이다.

이미 추수가 끝난 길가 배추밭에는 하얗게 서리가 내려앉아 있
었습니다. 밭이랑은 서릿발로 부풀어 올라 있었습니다. 그 서릿발
위로 뽀드득 하는 소리를 내며 학교 쪽으로 걸어가는데 뒤에서 낯
익고도 부드러운 목소리가 들렸습니다.

"얘야, 학교 가니?"

"어! 선생님, 안녕하세요?"

"그래, 서리가 내려서 춥지?"

"네, 손이 시려요. 가방 때문에……."

"그래, 손이 많이 차겠구나. 어디 한번 만져 보자."

"네……?"

"음. 장갑이 없구나."

"네, 동생이 가져갔어요."

"추워도 손은 깨끗이 씻어야지. 안 씻으면 병균도 문제고, 다른 애들이 흉보지 않을까?"

"네, 알겠어요."

"애야, 너는 학교에서 보면 선생님 말을 아주 잘 듣더구나. 그런 걸 보면 집에서 엄마 말씀도 잘 듣겠지?"

"그렇지도 않아요. 동생들하고 매일 싸워서 혼나고 그러는걸요."

"잠은 어떻게 자니?"

"가게 뒷방에서 6명이 같이 자요."

"그렇구나. 음…… 이번 토요일에 선생님 집에 놀러 오지 않겠니?"

"정말요? 가고 싶어요. 그런데 선생님 댁은 멀다고 그러던데요?"

"선생님하고 이야기하면서 가면 금방이란다. 선생님 집에 가서 같이 밥도 먹고 이야기도 하고 하룻밤 자고 놀고 오자. 그날 선생님 집에서 자고 온다고 부모님께 미리 말씀드려 놓으렴. 알겠지?"

"네, 선생님."

드디어 토요일이 되었습니다. 수업을 마치자 선생님은 나를 교무실로 부르셨습니다. 다른 아이들은 집에 돌아가기 위해 학교를 나서고 있었습니다. 선생님은 책상을 정리한 뒤 코트를 입으셨고, 선생님과 나는 학교 밖으로 나왔습니다. 선생님이 앞장 서서 걸으셨습니다. 선생님은 장갑 낀 손으로 도시락 봉투를 들고 계셨습니다. 나는 선생님의 걸음에 속도를 맞추기 위해 걷다가, 총총 뛰다가를 반복했습니다.

"가게에서 살면서 공부하기 힘들지?" 선생님이 물으셨습니다.

"괜찮아요. 재미있어요. 가게에 있으면 사람들도 많이 보고요."

"아빠 일도 많이 도와드리니?"

"네. 염색 일을 하려면 물을 많이 써야 해서요, 그래서 동생하고 둘이서 하루 종일 펌프질만 해요. 엄마는 염색한 옷을 헹구고, 아빠는 불을 때요. 그 불로 물을 끓여서 염색을 하거든요. 펌프질 안 하면 아빠한테 혼나요. 어휴."

나도 모르게 순간 몸서리를 쳤나 봅니다. 선생님은 그런 나를 보더니 살짝 웃으시곤 이렇게 물으셨습니다.

"왜, 아빠가 무섭니?"

"네, 아빠는 손가락이 없어서요."

"손가락이?"

"네, 일본 공장에서 일하실 때 다치셨대요. 그냥 보면 무서워요."

프랑스의 인상주의 화가 모네의 1873년 작품. 푸른 들판 위에 개양귀비 꽃이 붉게 피어 있다. 꽃으로 가득한 들판 저 너머, 땅과 하늘이 맞닿는 그곳에 거대한 가능성이 우리를 기다리고 있는 것만 같다.

넌 거대한 가능성이란다
넓고 푸른 들판처럼 펼칠 수 있을 거야,
너의 모든 꿈들을!

클로드 모네Claude Monet, 프랑스 1840~1926, 〈아르장퇴유 부근의 개양귀비꽃〉, 1873
Oil on canvas, 50×65cm. Musée d'Orsay, Paris

"그랬구나. 어서 자라서 아빠를 많이 도와드려야 한다, 알겠니?"

"네, 선생님."

이런저런 이야기를 나누다 보니 어느덧 선생님 댁 앞이었습니다. 선생님이 방을 구경시켜 주셨고, 나는 책꽂이에 꽂혀 있는 책들을 구경했습니다. 선생님이 곁에 다가오시더니, 그중 한 권을 뽑아 들고는 내게 물으셨습니다.

"너 이 책 제목 들어 봤니?"

"제인 에어…… 처음 보는데요?"

"중학교에 가거든 꼭 한 번 읽어 보거라. 지금은 아마 이해하기 어려울 거야. 이 책을 읽으면 어려울 때도 왜 자긍심을 가지고 살아야 하는지, 또 왜 그것이 중요한지 알 수 있을 거다."

"선생님, 자긍심을 가지고 사는 게 왜 중요해요?"

"생각하는 대로 되거든.* 예를 들어 보마. 네가 만약 '나는 아무것도 아니야'라고 생각한다면, 네 행동도 그렇게 변한단다. 말도 험하게 하고, 어른을 만나면 인사도 안 하고, 맡은 일에도 책임감을 갖지 않고 아무렇게나 하고, 거짓말도 하고…… 그렇게 계속 살다가는 결국 정말 불쌍한 사람이 되겠지? 하지만 네가 '난 아주 소중한 일을 하게 될 사람'이라고 생각한다면, 정말로 그렇게 될 거야. 부지

런해지고 예의 바르게 될 거고…… 결국은 행복한 사람이 되겠지.
그렇지 않니? 그래서 자긍심을 가지는 게 중요한 거야."

"중학생 되면 꼭 읽어 볼게요."

그때 밖에서 목소리가 들려왔습니다.

"밥상 들여도 되겠니?"

"네, 어머니." 선생님이 대답하셨습니다.

그런 밥상은 난생 처음이었습니다. 흰밥에 고기가 들어간 뭇국
과 장조림, 두부 부침, 시금치 나물, 구운 생선…… 나에게는 그야말

* 정말 모든 것은 생각대로 되지요. 구약성서 창세기의 '노아의
방주'와 달팽이를 혹시 아시나요. 모든 것이 물에 잠겨 다 죽음
을 맞이할 수밖에 없을 때 노아는 배를 만들었지요. 이름 있고
커다란 짐승들만 탄 그 배에, 글쎄, 그 작디 작은 달팽이가 아
주 느리게 걷고 또 걸어와 마침내 노아의 방주에 아무도 모르
게 올라타 끝내 살아남았다는 이야기가 있어요. 이처럼, 보잘
것 없어 보이는 작디 작은 달팽이도 마음을 굳게 먹고 생각을
달리 하면 기적 같은 일도 이룰 수 있는 거예요. 그러니 만물의
영장이라는 사람은 말할 필요도 없겠지요.

로 환상적인 밥상이었습니다.

"맘껏 먹어라. 밥은 여기 한 그릇 더 있다."

"네. 선생님."

식사를 하면서도 선생님과의 대화는 계속되었습니다.

"그런데 너는 앞으로 훌륭한 사람이 될 것 같구나. 왠지 모르게 말이다, 이렇게 눈도 빛이 나고 선생님 말도 참 잘 듣는 걸 보면…… 넌 마음만 먹으면 뭐든지 할 수 있을 거다. 그동안 내가 살펴본 바로는, 넌 참 가능성이 많아 보여. 그러니 더욱 노력해야 한다. 알겠니?"

"네……"

"넌 아주 중요한 일을 하게 될 사람이야. 앞으로 살면서 아무리 힘든 일이 닥치더라도 자긍심을 잃지 말거라."

다음 날, 집으로 돌아오는 길에 나는 좋아서 껑충껑충 뛰었습니다. 빨리 집에 가서 엄마에게 자랑하고 싶었습니다. 그날 집으로 돌아오며 나는 가능성, 그리고 자긍심이라는 단어를 수도 없이 중얼거렸습니다.

이제 어느덧 나는 훌쩍 나이를 먹었고 가정에서는 아버지로서, 강의실에서는 교수로서 살고 있습니다. 그때 선생님의 마음이 얼마나 따뜻했는지 이제야 알 것 같습니다. 수업 시간에는 결코 배울 수 없는 것을 배웠던 매우 특별한 경험이었습니다. 그날의 특별 수업이, "너에게서 가능성이 보인다"라는 선생님의 말씀이, 살아 오는 동안 나에게 큰 희망이 되어 주었습니다.

지난 33년간 나는 아침마다 거울을 보며 물었습니다. '만일 오늘이 내 삶의 마지막 날이라면 어떨까? 내가 오늘 하려는 그 일을 진짜 하고 싶어 할까?'

(……) 나에게도 곧 죽음이 찾아올 수 있다고 한 번씩 생각해 보는 일은, 내가 나의 삶에서 큰 선택을 할 때마다 나를 돕는 가장 중요한 도구였습니다. 죽음 앞에선 외부의 기대, 자존감, 당혹, 그리고 실패에 대한 두려움 같은 것들이 모두 사라지고 오로지 가장 중요한 것만 남으니까요.

정말로 우리의 시간은 한정되어 있습니다. 그러니 제발 다른 사람의 삶을 살며 낭비하지 마십시오.

스티브 잡스Steve Jobs

사람을 안다는 것은
그의 가능성과 꿈을 안다는 것이다

스승의 따스한 관심과 사랑
그 속에서 움트는 자긍심과 자존심
그리하여 갖게 되는 새로운 가능성

'나처럼 해봐'라고 말하는 사람 곁에서는
아무 것도 배울 수 없다
'나와 함께 해보자' 라고 말하는 사람만이
우리의 스승이 될 수 있다

질 들뢰즈 Gilles Deleuze

젊은 화가에게 진지한 태도로 자상하게 설명하고 있는 스승에게서 애틋한 사랑의 숨결이 느껴지는 듯하다. 스승의 말을
경청하고 있는 젊은 화가의 모습은 그가 장차 눈에 띄는 훌륭한 예술가로 발돋움할 것이라는 기대를 갖게 한다.

오노레 도미에Honoré Daumier, 프랑스 1808~1879, 〈조언을 듣는 젊은 화가〉, 1860
Oil on canvas, 41x33cm. National Gallery of Art, Washington

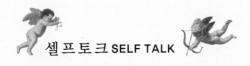

셀프 토크 SELF TALK

다음 문항들을 읽고 체크해 보세요. 정답은 없습니다. 여기에서의 **O X** 는 스스로에게 던지는 질문일 뿐입니다. 자기 자신에 대한 질문에는 '정답'이라는 것이 없습니다. 중요한 것은 스스로가 자신에 대해 묻고 자기 자신에 대해 얼마나 제대로 알고 있는가입니다. 이제 자기와의 대화를 천천히, 아주 천천히 나눠 보세요.

- 누구든지 선생님 댁에 초대받을 수 있는 게 아니라면 특정 **O X**
  학생만 초대해서는 안 된다. 선생님이라면 모든 아이들을 공
  평하게 대해야 한다.

- 선생님은 가능성과 자긍심의 중요성을 조금 특별한 방법으 **O X**
  로 학생의 머릿속에 심어 주었다. 선생님의 방법은 매우 효과
  적이었다. 이런 방법이라면 기억에 오래 남을 만하다.

- 자신을 사랑할 줄 아는 사람이 타인도 사랑하고 자연도 아낄 **O X**
  줄 안다. 자신을 사랑하려면 우선 자신의 가능성에 대한 믿음
  과 자긍심을 가져야 한다.

- 자긍심은 자칫 잘못하면 자만심이 된다. 선생님처럼 자긍심 **O X**
  을 지나치게 강조하면 문제가 될 수도 있다.

- 내가 만약 교사라면 그러한 특별 수업을 반의 모든 아이들에 **O X**
  게 공평하게 해 줬을 것이다.

Box Tip

우리는 우리의 아이들에게 이렇게 말해야 한다

"네가 어떤 사람인 줄 알아? 넌 경이로움 그 자체야. 너는 정말 유니크하다니까? 여태껏 난 너 같은 아이는 결코 본 적이 없어. 네 다리, 팔, 재주 많은 손, 네가 움직이는 방식……. 넌 셰익스피어, 미켈란젤로, 베토벤이 될 수도 있을 거야. 너는 어떤 분야에든 재능이 있잖아! 너는 정말 놀라워. 그런 네가 나중에 사람들을 괴롭히거나 피해를 줄 수 있겠니? 너처럼, 정말 놀라운 그런 사람들에게 말이야."

파블로 카잘스Pablo Casals

나는 비교하지 않습니다

'국영수'는 전부가 아니다.
'음미체'처럼 한 부분일 뿐

지수는 중학생 때까지 성적이 별로 뛰어나지 못했습니다. 꼴찌까지는 아니었지만 어중간했습니다. 지수의 문제는 아름다운 것들을 보면 눈을 떼지 못하는 데 있다고 선생님들은 입을 모았습니다. 꽃, 나무, 새 같은 것들 말입니다. 국어, 영어, 수학 공부보다는 아름다운 것을 보며 감탄하고 거기서 받은 느낌을 표현하는 것에 재미를 붙여 그런 활동만 하고 싶어 한다는 것이었습니다. 지수와 지수 부모님도 어중간한 지수의 성적 때문에 심한 열등감에 빠져들고 있었습니다. 그러다가 지수와 지수의 가족은 미국으로 이사를 가게 되었습니다.

미국 학교의 선생님들은 조금 다른 모습을 보여 주었습니다. 영어나 수학 같은 교과 성적보다 지수의 잠재력에 더 많은 관심을 기울였던 것입니다. 선생님들은 얼마 지나지 않아 지수가 그림에 소질이 있다는 것을 알아차렸습니다. 그들은 지수에게 학교 공부에 치중하기보다 그림에 좀 더 신경을 쓸 수 있도록 격려해 주었습니다. 지수는 이제 자신이 좋아하는 것들을 마음 놓고 바라보았습니다. 그것들의 아름다움을 화폭에 담아내는 일에 열중했습니다. 고등학교를 졸업할 즈음 지수가 그린 유화 작품은 오레곤 주 전체에서 1등으로 뽑혀 워싱턴의 의회 건물에 1년간 전시되었습니다.

이스라엘 청소년들은 '열등감'이라는 단어조차 모릅니다. 이를테면, 수학을 뛰어나게 잘하는 학생이 있더라도, 주변 학생들은 그 학생에 대한 열등감을 느끼지 않습니다. 다른 학생들도 수학 외에 잘하는 것이 따로 있기 때문입니다. 이스라엘 청소년들은 자신의 재능을 발견할 수 있도록 교육을 받습니다. 자신의 재능을 찾고 나면 자신감이 생깁니다. 재능은 과학, 기술, 예술, 음악, 저널리즘, 스포츠, 철학, 사업 등 다양한 부분에서 나타날 수 있습니다. 음악에 재능이 있다고 가정해 보십시오. 수학 성적을 좋게 받는 학생에게 열등감을 느낄 이유가 없을 것입니다.

한 분야에서 두각을 나타내는 사람도 부족한 부분은 있기 마련

카미유 피사로Camille Pissarro, 프랑스 1830~1903, 〈나뭇가지를 든 소녀〉, 1881
Oil on canvas, 81×64.7cm. Musée d'Orsay, Paris

공부보다 책보다
나무와 풀,
꽃과 나비가 좋아
난, 아름다운 것들이 좋아
그게 뭐 어때서?

입니다. 물리학자 뉴턴의 초등학교 성적은 아주 나빴습니다. 천재 중의 천재라고 알려져 있는 아인슈타인은 네 살이 될 때까지 말을 하지 못했습니다. 세계적인 문호 톨스토이는 대학에서 낙제했었습니다. 포천Fortune이 선정한 500개 회사 CEO들의 학생 시절 성적은 어떨까요. 그들의 평균 성적은 C였습니다. 미국 상원 의원 중 65퍼센트, 미국의 역대 대통령 중 75퍼센트는 학교 성적이 평균 이하였습니다. 물론 반대의 경우도 있습니다. 명문 대학을 졸업했거나 성적이 우수했던 사람도 범죄를 저질러 교도소에 가거나 사회에서 지탄을 받는 일이 있습니다. 우리는 '국영수'를 못하면 다른 것도 다 못할 것이라고 생각하는 경향이 있습니다. 그러나 '국영수' 성적은 절대적인 기준이 아닙니다.

우리는 서로의 가치를 마치 자로 잴 수 있는 것처럼 행동합니다. 서로에게 늘 '국영수'라는 학교 성적, 소위 스펙 같은 잣대를 겨누면서 말입니다. 그 과정에서 열등감을 느끼거나 좌절을 경험하기도 합니다. 성적보다 훨씬 중요한 것이 있는데도 말입니다. 자신이 얼마나 가치 있는 사람인지를 아는 것, 자신이 지닌 가치를 확인하고 인정하는 것이 바로 그것입니다.

걱정과 근심은 서로의 꼬리를 문 채 빙글빙글 돈다. 붉은 옷과 붉은 머리띠를 하고 있는 여인이 자기만의 공간인 아틀리에의 갈색 이젤 앞에 앉아, 세상의 모든 고민을 머릿속에 이고 있는 듯 깊은 상념에 빠져 있다. 여인의 숱한 상념 가운데 남의 잣대가 아니라 스스로의 눈으로 바라보는 생각, 그리고 자신의 가치를 제대로 인정하고 있는 생각과 고민들은 과연 얼마나 있을까? 프랑스의 철학자 사르트르는 타인의 이목에 신경 쓰고 거기에 맞추어 성공한 사람이 되려 하는 현대인의 아픔과 비극을 "타인, 그것은 지옥이다"라는 말로 표현하였다.

장 밥티스트 카미유 코로Jean Baptiste Camille Corot, 프랑스 1796~1875, 〈코로의 아틀리에〉, 1865
Oil on canvas, 56×46cm. Musée d'Orsay, Paris

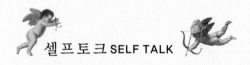

셀프토크 SELF TALK

오른쪽 페이지의 예를 참고하여 자신만의 문장으로 완성하십시오. 생각에는 정답이 없으니
자유롭게 적어 보세요.

학교에서 우등생이었던 사람이 사회에서는 낙제생이 되는 경우가 많다고
한다. 학교에서는 시키는 대로만 하면 되지만 사회에서는 어떻게 해야 하
는지 누구도 알려 주지 않기 때문이다. 나는 다른 사람이 하는 말을 듣고
행동하는 사람이 되지는 않겠다. 스스로 가치 있다고 생각하는 일을 해내
기 위해 나는 --

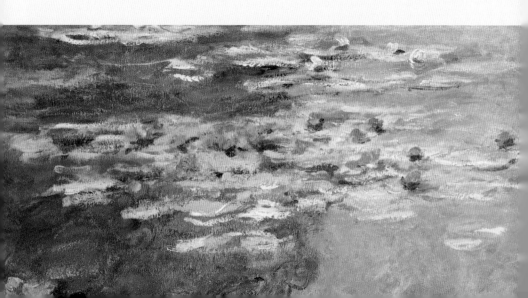

자신에게 소중한 것을 먼저 하라

스티븐 코비|Stephen Covey

유령이 나오든 말든 자기의 길을 나아가라

괴테|Goethe 〈파우스트Faust〉

예1) 나는 누가 알아주든 알아주지 않든 나에게 필요한 지식을 착실히
   쌓아 가기 위해 장기적인 계획을 세우고 꾸준히 독서할 것이다.

예2) 나는 무언가를 '안다'라고 여기기까지 신중하게 생각할 것이며, 꼭
   알아야 할 것이 생기면 근성을 가지고 끝까지 파고들 것이다.

예3) 친구를 사귀는 데에 성적은 상관없다. 자신의 속마음을 솔직하게 말
   하는 사람을 친구로 삼을 것이다.

예4) 나는 매일 저녁에 5분씩 꿈이 이루어진 나의 모습을 그려 보는 시간
   을 가질 것이다.

예5) 나는 재능을 갈고닦기 위해 매일 30분씩 연습할 것이다.

'나의 시간'이 다가오고 있습니다

5만 원짜리가 구겨진다고 만 원짜리가 되나요?

올리브 나무와 떡갈나무, 그리고 소나무가 같은 산에 살고 있었습니다. 올리브 나무에게는 꿈이 있었습니다. 그것은 자신 안에 화려한 보물들을 가득 담을 수 있는 보석 상자가 되는 것이었습니다. 어느 날 나무꾼이 올리브 나무를 베어 갔습니다. 올리브 나무는 자신이 이제 무엇으로 만들어질지 기대에 부풀어 있었습니다. 그러나 올리브 나무는 보석 상자가 아니라 소나 말의 먹이를 담는 먹이통이 되었습니다.

'이게 뭐야. 고작 먹이통이라니. 더럽고 냄새나잖아.'

올리브 나무는 먹이통이 된 자신이 천하고 가치 없는 존재인 것만 같아 가슴이 무너져 내렸습니다.

떡갈나무의 꿈은 왕을 태우고 바다를 호령하는 거대한 배가 되는 것이었습니다. 그러나 나무꾼은 떡갈나무로 조그만 낚싯배를 만들었습니다. 떡갈나무는 화가 났습니다. 그렇지만 눈물로 세월을 보낼 수밖에 없었습니다.

산의 가장 높은 곳에 사는 소나무는 항상 높은 곳에 서 있는 것이 꿈이었습니다. 사람들에게 상록수로서 늘 굳건하게 서 있는 모습을 보여 주고자 했던 것이었습니다. 얼마 지나지 않아 번개가 쳤고 소나무는 쓰러졌습니다. 나무꾼은 쓰러진 소나무를 쓰레기 더미에 던져 버렸습니다. 세 나무 모두 꿈을 이루지 못했습니다. 자신들은 아무 가치도 없는 존재가 되었다고 생각해 크게 실망했습니다.

그리고서 오랜 시간이 흘렀습니다. 젊은 부부가 아이 낳을 곳을 찾지 못해 헤매고 있었습니다. 여자의 배는 불러 있었고, 힘겨운 듯 걷고 있었습니다. 그러다 그들은 비어 있는 마구간을 발견하고 안도했습니다. 아이를 눕힐 곳이 마땅치 않자 그들은 마구간 한 켠에 있던 먹이통에 아이를 눕혔습니다. 그 먹이통이 올리브 나무였습니다. 세월이 흘렀고, 마구간에서 태어났던 아이는 왕들도 존경하는 존귀한 '왕 중의 왕'이 되었습니다. 올리브 나무는 존귀한 왕을 자신 안에 담았던 것입니다.

〈고흐의 방〉을 그린 총 3개의 작품이 있다. 오른쪽 벽에 걸린 초상화 두 점과 침대 머리맡에 걸린 풍경화의 차이로 그 것들을 구분할 수 있다. 이 작품은 그중 세 번째 작품이다. 누구나 자신의 시간이 되어야 가치가 나타난다. 반 고흐의 작품들은 그의 삶과 함께 현대인에게 깊은 감동을 주고 있다.

빈센트 반 고흐Vincent Van Gogh 네덜란드 1853~1890, 〈고흐의 방, 세 번째〉, 1889
Oil on canvas, 57.5×74cm. Musée d'Orsay, Paris

생전에는 무명 화가
현대에는 세계 최고의 유명 화가가 된 고흐,
외롭고 고달팠지만 끝끝내 자신의 길을 갔던
고흐의 삶처럼
굴하지 않고 자기 방식대로 산다면
언젠가 당신의 가치는 빛날 것이다,
설령 지금이 아닐지라도, 시간이 오면
반드시

남들이 어떻게 평가하든
천 번을 포기해도
내가 나를 버리지 않는 한
삶은 아름다운 것이다
몽테뉴는 말했다
"세상에서 가장 중요한 일은
어떻게 하면 내가, 온전히
나 자신의 주인이 되는가를 아는 것"이라고

존귀한 왕이 사람들을 가르치기 위해 바다를 건널 일이 생겼습니다. 왕은 크고 멋진 배 대신 작고 초라한 낚싯배를 타고 바다를 건넜습니다. 그 낚싯배는 떡갈나무로 만든 것이었습니다. 결국 떡갈나무는 왕을 태우겠다던 꿈을 이룬 것입니다.

다시 몇 년이 흘렀습니다. 쓰레기 더미 앞에서 군인들이 뭔가를 부지런히 찾고 있었습니다. 이제 곧 땔감 신세가 될 것이라고 소나무는 생각했습니다. 하지만 군인들은 소나무를 쪼개더니, 십자가를 만들었습니다. 그 십자가에 존귀한 왕이 매달리게 되었습니다. 십자가가 된 소나무는 오늘날까지도 사람들에게 사랑과 연민이 무엇인지를 몸소 보여 주고 있습니다.

세 나무 모두 자신의 꿈이 틀어졌을 때 모든 것은 이대로 끝이 난 것이라 생각했습니다. 자신은 가치 없는 존재가 되었다고, 모든 것은 결정되었다고 생각했습니다. 그러나 결국 이 나무들은 자신의 꿈을 이루었고 가치 있는 역할을 해냈습니다. 지금 당장 우리가 원하는 대로 인생이 펼쳐지지 않는다고 해서 낙담할 필요는 없습니다. 우리는 가치 있는 존재입니다. 우리가 어떤 삶을 살아 왔든, 실망과 좌절을 얼마나 경험했든, 우리의 가치는 절대불변합니다.

예를 들어 봅시다. 누군가 여러분에게 5만 원을 준다고 가정했을 때, 새 지폐를 주든 구겨져 있는 지폐를 주든, 받고 싶지 않을까요? 지폐에 뭔가가 묻었거나 구겨졌다고 해서 그 돈이 5만 원의 가치를 잃어버리게 되나요? 아무리 지저분한 종이가 되었더라도 5만 원은 5만 원입니다. 아무리 낡고 흉해졌어도 돈의 가치는 사라지지 않습니다. 우리는 누구나 실수하고 넘어지며 시련을 겪습니다. 때로는 구겨지고 더러워진 모습이 되기도 합니다. 그러나 지폐가 변하지 않는 가치를 가지고 있듯 우리도 그렇습니다. 개인의 환경이나 능력, 성적이나 일시적인 실수 등으로 누군가에게 가치가 없다는 판단을 할 수는 없습니다. 어떤 일이 닥쳐 오든 우리는 여전히 소중한 존재입니다. 우리의 가치는 닳아 없어지지 않습니다.

빈센트 반 고흐Vincent van Gogh, 네덜란드 1853~1890, 〈별이 빛나는 밤〉, 1889
Oil on canvas, 73.7x92.1cm. Museum of Modern Art (MoMA), New York   그림 54~55p

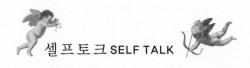

셀프토크 SELF TALK

다음 문항들을 읽고 체크해 보세요. 정답은 없습니다. 여기에서의 O X 는 스스로에게 던지는 질문일 뿐입니다. 자기 자신에 대한 질문에는 '정답'이라는 것이 없습니다. 중요한 것은 스스로가 자신에 대해 묻고 자기 자신에 대해 얼마나 제대로 알고 있는가입니다. 이제 자기와의 대화를 천천히, 아주 천천히 나눠 보세요.

🔲 구겨지고 더럽혀져도 만 원은 만 원이다. 외모, 스펙, 경제력   O X
   에 관계없이 나는 그 누구와도 비교되지 않는 고유한 존재
   가치를 가지고 있다.

🔲 지금은 비록 스스로가 초라해 보일지라도 사람에게는 언젠   O X
   가 자신의 가치를 정당하게 평가받을 날이 온다.

🔲 자기 스스로를 존중하는 것은 겸손하지 않은 행동을 낳는다.   O X

🔲 자신을 존중해야 한다고 말하거나 그렇게 행동하는 사람을   O X
   보면 '잘났어 정말!' 같은 생각이나 거부감 같은 것이 든다.

🔲 자아 존중감을 높이기 위해 나는 매일 아침 거울을 보며 나에게 _____
   라고 속삭인다.

56

내가 우주에 있기 때문에
우주는 그만큼 다른 우주가 되었다

적어도 내가 있는 만큼은.

환경이 어렵고
능력이 부족하고
성적이 바닥이고
너무 창피한 실수를 저질렀다 해도……

그렇다 해도
나는 세상에서 하나밖에 없는 나!
나는 우주에서 오직 하나뿐인 나!
나는 여전히 소중한 나!

Box Tip

이런 크리스마스 선물 어떨까요?

적에게는 용서를

반대자에게는 포용을

친구에게는 마음을

고객에게는 봉사를

모두에게는 자비를

모든 아이들에게는 모범을

당신 자신에게는 존경을!

오렌 아놀드Oren Arnold

춤추고 노래하고 즐겁게 마시며 하하호호 웃음소리로 소란스러운 잔치마당에는 늘 일하는 체하는 사람, 도움을 주는 척하는 사람이 있다. 그렇지만 아무 말 없이 진짜 일을 하는 사람, 진짜 도움을 주는 이도 있다. 사람들은 모두, 보지 않는 듯하면서도 지켜보고 있다. 그리고 아무 말 없이 도움을 주는 이들에게 진정으로 감사와 존경을 느낀다. 비록 아무 말을 안 하더라도…….

얀 스테인Jan Steen, 네덜란드 1625/26~1679, 〈춤추는 남녀〉, 1663
Oil on canvas, 102.5×142.5cm. National Gallery of Art, Washington   그림 62~63p

나의 가격은 내가 결정합니다

사람의 가격은 내면에서 결정된다.

"내일 모레가 기름집 딸래미 시집가는 날이데이~ 니 갸 집 가서 일이나 좀 거들어 주고 온나."

"친척도 아닌데 뭐 할라꼬……."

'집에서 잘 못 먹는 밥, 거기 가서 얻어먹어라 이거네' 하며 소년은 속으로 못마땅하게 생각했습니다.

어머니의 대답은 소년의 예상과는 조금 달랐습니다.

"친척보다 이웃이 더 중요한 기라. 퍼뜩 못 인나나!"

마지못해 돌아서는 소년에게 어머니가 고함을 쳤습니다.

"니는 가서 일만 거들그라. 음식은 절대 집어 먹지 말고. 음식뿐 아이라 물 한 모금도 마시지 말그레이. 음식 준다고 받아 오지도 마

아무도 보지 않는 곳에서 환자를 위해 정성껏 약과 음식과 물을 준비하고 있는 간호사의 가치. 의사처럼 밖으로 두드러지지 않고, 아무것도 아닌 궂은 일만 도맡아하는 간호새 설령 환자의 병이 낫지 않더라도 그 일은 누구도 대신할 수 없는 간호사만의 귀하고 소중한 전문적인 직분이다.

장 밥티스트 시메옹 샤르댕Jean Baptiste Siméon Chardin, 프랑스 1699~1779, 〈세심한 간호원〉, 1747
Oil on canvas, 46x36.8cm. National Gallery of Art, Washington

라. 그랬단 봐라. 알아들었제!"

소년은 조금 내성적인 편이었습니다. 잔칫집에 가기는 했으나 일을 도와주러 왔다는 말도 하지 못하고 부엌이나 마당을 서성였습니다. 그러다가 이때다 싶으면 물을 길어다 주거나 무거운 물건을 들어 주고 그릇을 씻어다 주거나 했습니다. 그리고 일이 끝나면 슬그머니 집으로 돌아왔습니다. 하루, 이틀, 시간이 지나고 조금 익숙해지자 소년은 이제 인사 정도는 할 수 있게 되었습니다.

"일 좀 거들러 왔는기라요."

"마치고 갑니데이."

한편 소년은 물도 한 모금 마셔서는 안 된다는 어머니의 말을 도무지 이해할 수 없었습니다. 일을 하다 보면 배가 고팠고 그곳에 있는 음식들은 너무나 먹음직스럽게 보였습니다. 아무도 보지 않을 때 음식을 한 점 집어 먹을까도 소년은 생각했지만, 그럴 때마다 어머니의 당부를 떠올리고 마음을 눌렀습니다.

'저 녀석이 배가 고프니까 뭐 좀 챙겨 먹으려고 왔겠지.'

잔칫집 주인을 비롯해 동네 사람들 모두는 소년이 처음 일하러 왔던 날 이렇게 생각했습니다. 그러나 소년이 오직 일만 하다가 음식 싸주는 것조차 받지 않은 채 집으로 돌아가는 것을 보고 다들 의

아해했습니다. 사실 소년도 내심 음식을 가지고 가고 싶었습니다. 집에 있는 가족들 생각이 났기 때문입니다. 부모님이나 형, 동생들이 여기 있는 음식들을 얼마나 맛있게 먹을지 생각하다가도, '음식 준다고 받아 오지도 마라. 그랬단 봐라. 알아들었제!' 하는 어머니의 고함 소리가 들리는 듯해 끝내 손을 내밀지 못한 것이었습니다.

"싱거운 놈이로군, 그것 좀 받아 가면 어디 탈이라도 나는가?" 하고 사람들은 못마땅해 했습니다.

잔치가 끝나고 손님들이 모두 돌아간 뒤 뒷정리까지 다 마쳤을 때 잔칫집 여주인은 소년을 따로 불렀습니다.

"며칠 동안 니가 하는 행동을 유심히 보아 왔데이. 니는 참으로 예절이 바른 아이더구나. 그라고 이건 내가 너그 집에 보내는 아주 특별한 선물이데이. 가서 엄마한테 내가 많이 고마워한다고 말하고 이걸 가져다 드리거래이." 하고 말하며 여주인은 정성스럽게 준비한 음식 보따리를 내밀었습니다. 소년은 그것을 받지 않겠다고 했습니다. 여주인은 몇 번이나 간곡하게 그것을 권했습니다. 그러나 소년은 끝내 그 선물을 받지 않았습니다. 그 후로도 그런 일이 몇 차례 반복되었고, 소년은 어머니가 음식을 얻어먹지도, 받아 오지도 말라고 한 이유를 어렴풋이나마 깨달을 수 있었습니다.

사람들은 소년을 보고 하나같이 이렇게 말했습니다.

"가~는 가난해도 쫀심은 있데이…… 지를 너무 싸게 팔지는 않겠다는 거 아이가."

가난했던 그 소년은 훗날 세계적인 기업의 대표가 되어 수많은 업적을 남겼습니다.

나폴레온 힐Napoleon Hill의 11가지 인성 리더십

- 자기 자신과 자기가 하는 일에 대한 흔들리지 않는 자존심
- 자기통제력
- 정의감
- 결단력
- 계획의 명확성
- 보수에 비해 더 많은 일을 하는 습관
- 유쾌한 성품
- 공감과 이해
- 세부 사항에 대한 숙련
- 모든 책임을 기꺼이 감수하는 마음의 자세
- 협력

어느 방향으로 발걸음을 떼어 놓아야 할지 확신할 수 없다면 차라리 눈을 감고 어둠 속에서 한 발자국을 내딛어 보라. 그것이 그 자리에 가만히 서서 움직이지 않는 것보다는 훨씬 낫다. 실수는 용서받을 수 있지만 결단을 내리지 못하는 것은 용서받을 수 없다.

세탁 일을 마치고 집으로 돌아가는 도시 노동자 모녀의 모습. 몸집에 비해 버거울 정도로 높은 계단을 올라가고 있는 소녀의 손을 잡아 주는 어머니의 마음과 어머니의 짐을 덜어 주는 소녀의 마음이 읽히는 듯하다.

오노레 도미에Honoré Daumier, 프랑스 1808~1879, 〈빨래하는 여인〉, 1860년경
Oil on panel, 49×33.5cm. Musée d'Orsay, Paris

셀프토크 SELF TALK

다음 문항들을 읽고 체크해 보세요. 정답은 없습니다. 여기에서의 **O X**는 스스로에게 던지는 질문일 뿐입니다. 자기 자신에 대한 질문에는 '정답'이라는 것이 없습니다. 중요한 것은 스스로가 자신에 대해 묻고 자기 자신에 대해 얼마나 제대로 알고 있는가입니다. 이제 자기와의 대화를 천천히, 아주 천천히 나눠 보세요.

- 소년의 어머니는 조금 심하게 자존심을 세우려 한 것 같다. **O X**

- 일을 도와주고 그에 상응하는 대접을 받는 것은 매우 당연한 **O X**
  일이다. 소년과 소년의 어머니는 오히려 마을의 분위기를 어
  색하게 만들었다.

- 타인이 나를 어떻게 생각하는지보다 나 자신이 떳떳하고 당 **O X**
  당한 것이 더 중요하다. 그런 점에서 소년과 소년의 어머니가
  한 선택은 현명했다.

- 자신이 생각하는 바와 다르다고 해서 어른이 정성껏 준비한 **O X**
  선물을 끝까지 사양하는 것은 옳지 않다.

Positive

긍정적으로 생각하렴.
생각은 곧 말이 되거든.

긍정적으로 말하렴.
그건 곧 네 행동으로 나타날 테니까.

긍정적으로 행동해.
그게 너의 습관이 될 거야.

긍정적인 습관을 기르렴.
그건 네 가치가 될 거야.

긍정적인 가치를 가지도록 하렴.
바로 그것이 너의 운명이 될 테니까.

마하트마 간디|Mahatma Gandhi

나에게는 권리가 있습니다

나의 권리장전

나에게는 권리가 있습니다. 누구에게도 침해받을 필요도, 누구에게 설명할 필요도 없는 고유의 권리가 있습니다. 이 권리는 태어날 때부터 조물주에게서 부여받은 것이므로 누구도 빼앗아 갈 수 없는 신성한 것입니다.

나에게는 권리가 있습니다. 사람들 앞에 설 권리가 있으며, 사람들에게 내 생각을 말할 권리가 있습니다. 내 의견을 피력할 권리가 있고, 정보를 전하거나 가르쳐 줄 권리, 사람들에게 내 이야기를 잘 들어 달라고 부탁할 권리가 있습니다.

나에게는 권리가 있습니다. 무엇인가를 시도하고 성취할 권리가 있습니다. 내가 이뤄 낸 것들을 밝힐 권리, 리더가 될 권리가 있습

하늘을 우러러 보고 땅을 굽어 보아

털 한 오라기만큼도 부끄러움이 없는 삶을

옛부터 우리는 꿈꾸어 왔습니다

부끄러움이 없는 사람은 짐승이라고도 했습니다

부끄러움은 자존심이 있는

사람이 갖는 고귀한 감정입니다

자기 자신을 존중하는 사람이

부끄러움을 갖습니다

자기 자신을 무시하는 사람에게는

부끄러움도 없습니다

뤼시앙 르비 뒤르메Lucien Lévy-Dhurmer, 프랑스 1865~1953, 〈메달을 건 여인〉, 1896
Pastel on paper, 35×54cm. Musée d'Orsay, Paris

니다. 나에게는 위험을 무릅쓸 권리가 있고 비록 사소한 일에 대해서라도 불안감을 느낄 권리가 있습니다. 나에게는 약점을 가질 권리, 무엇인가를 모를 권리, 실수할 권리, 그리고 실패할 권리와 다시 도전할 권리가 있습니다. 나에게는 남들이 뭐라 하든 나만의 견해를 가질 권리가 있습니다. 남과 다를 권리가 있으며 타인과 의견이 맞지 않을 권리가 있습니다. 나에게는 싫다고 말할 권리, 찬성한다고 말할 권리, 그리고 도움을 청할 권리가 있습니다.

내가 살아 있는 한 이 권리들은 보장되어 있습니다. 이러한 나의 소중한 권리를 포기하는 것은 나의 자존심, 나의 자아, 나의 생명을 포기하는 것과 같습니다. 그러므로 나는 어떠한 경우에도 이 권리들을 지키고 행사할 것이며, 나아가서는 확장시킬 것입니다.

그래서 남도 나를 무시합니다
내가 스스로를 존중하면
남도 나를 존중합니다
마음속 깊이
누가 뭐라 하든 스스로를 최고라 생각합시다
나는 나를 존중할 권리가 있습니다
아닙니다,
나는 나를 존중할 의무가 있습니다

셀프 토크 SELF TALK

다음 문항들을 읽고 체크해 보세요. 정답은 없습니다. 여기에서의 **O** **X**는 스스로에게 던지는 질문일 뿐입니다. 자기 자신에 대한 질문에는 '정답'이라는 것이 없습니다. 중요한 것은 스스로가 자신에 대해 묻고 자기 자신에 대해 얼마나 제대로 알고 있는가입니다. 이제 자기와의 대화를 천천히, 아주 천천히 나눠 보세요.

위의 권리들을 조금 더 효과적으로, 조금 더 확실하게 지켜 나가기 위해서는 무엇보다도 자신감이 필요하다. 자신감이란 어떤 것은 잘할 수 있고 어떤 것은 잘할 수 없다는 식으로 판단을 내리는 것이 아니다. 어떻게 보면 반드시 발생할 실패를 견뎌 내는 것이다. 진정한 자신감을 기르기 위해 나는 다음과 같은 일을 할 것이다.

- 매주 같은 시간, 같은 장소에서 내면으로부터의 진실한 소리에 귀를 기울일 것이다. **O** **X**

- 나는 자신 없는 일에 더욱 적극적으로 뛰어들겠다. **O** **X**

- 나는 남들이 나에게 하는 말보다 내 안의 내가 하는 말에 더 귀를 기울일 것이다. **O** **X**

- 나는 날마다 '나는 아주 특별한 일을 책임지기 위해 태어났다'라고 자신에게 속삭일 것이다. **O** **X**

- 나의 인생관이 잘 드러나 있는 시 세 편을 찾아본 뒤, 그것을 암송할 것이다. **O** **X**

■ 나를 잘 드러내 주는 노래를 다섯 곡 골라서 연습하겠다.　　 O X

■ 처음 불러 보는 노래일수록 더욱 큰 소리로 부를 것이고, 처　 O X
음 먹어 보는 음식일수록 더욱 맛있게 먹을 것이다.

■ 진실하지 못할 때 나는 죄책감을 느끼므로 자신감을 가지기　 O X
가 쉽지 않다. 그러므로 나는 자신감 있는 사람이 되기 위해
우선 진실한 사람이 되도록 하겠다.

자신이 서 있는 곳을 깊이 파고들어라. 샘은 바로 거기에
있다. 자기에게 딱 맞는 무언가가 아주 먼 곳에, 아직 가 보
지 못한 곳에 있다고 생각하는 사람들은 어리석다. 사람들
아, 먼 곳이 아니다. 지금까지 단 한 번도 시선을 두지 않았
던 자신의 발 아래, 바로 거기에, 당신이 추구하는 것, 당신
에게 주어질 많은 보물들이 기다리고 있다.

프리드리히 니체Friedrich Nietzsche

나에게는 명예가 있습니다.

'흙먼지' 속에서 피어난, 격이 다른 자긍심

길 위에서 다리를 세우기 위한 작업이 한창이었습니다. 감독관이 병사들에게 다리를 만드는 데 사용할 나무들을 베어 오게 하고 있었습니다. 일손이 부족했기 때문에 일은 아주 더디게 진행되었습니다. 그때 말을 타고 가던 어떤 남자가 멈춰 섰습니다. 남자는 매우 기품 있어 보이는 사람이었습니다. 그는 감독관에게 다가와 이렇게 말했습니다.

"일손이 많이 부족하군요."

"네, 사람이 더 필요합니다." 감독관이 말했습니다.

"그런데 당신은 왜 아무것도 하지 않습니까?" 말 위에 앉은 채 의아한 표정으로 남자가 물었습니다. 감독관은 오직 말로만 다른 병사들을 채근하고 있었기 때문입니다.

"아, 저 말입니까? 제가 왜 작업을 직접 합니까? 전 상등병이고 이곳의 책임자인데……." 감독관이 대답했습니다.

"아하, 그렇군요." 남자가 답하며 말에서 내려왔습니다. 남자는 다른 병사들과 함께 나무를 베기 시작했습니다. 한참 땀을 흘리다 보니 어느새 작업이 완료되었고, 남자는 다시 말에 오르며 감독관을 향해 이렇게 말했습니다.

"감독관님, 혹시 다음에도 일할 사람이 모자라면 지체하지 말고 총사령관 조지 워싱턴에게 사람을 보내 알려 주세요. 그러면 제가 와서 도와드릴게요."

그 남자는 다름 아닌 조지 워싱턴이었습니다.

그렇습니다. 명예는 스스로 높이는 것이 아니라, 스스로를 낮출 때 올라가는 것입니다.

한때 〈어샘블리〉라는 TV 드라마가 인기를 모은 적이 있습니다. 그 드라마에 진상필이라는 등장인물이 나오는데, 국회의원 역할입니다. 진상필은 극 중에서 대학 졸업자도 아니고, 체계적인 정치 수업이나 리더십 훈련을 받은 적도 없다고 나옵니다. 진 의원은 항상 약자의 편에 서고, 약속에 충실하려 노력했을 뿐이었습니다.

명예는
스스로 높이는 것이 아니라,
스스로를 믿고
스스로를 긍정하면서
나를 낮출 때 올라가는 것입니다
시인 정현종은 말했습니다
얼마나 무거워야
비로소 가벼울 수 있는지,
당신은 아느냐고.
우리가 명예롭게 훨훨 날 수 있는 것은
자존심의 무게 때문입니다
진정한 자존심은
나를 낮춰 주기 때문입니다

자크 루이 다비드Jacques Louis David, 프랑스 1748~1825, 〈서재에 있는 나폴레옹〉, 1812
Oil on canvas, 204x125cm. National Gallery of Art, Washington

진 의원은 지역구의 한 노인으로부터 부탁 하나를 받았습니다. 집 앞 개천에 작은 돌다리를 하나 놓아 달라는 부탁이었습니다. 노인은, 개천가에 손녀와 단둘이 살고 있다고 했습니다. 비가 오면 물이 불어나 개울을 건널 수가 없어서 손녀는 학교를 가지 못하고 노인은 노인정에 갈 수 없다고 했습니다. 진 의원은 시청에 이야기해서 다리를 놓아 드리겠다고 노인에게 약속을 했습니다. 그러나 예산이 부족하다는 것을 이유로 시청에서는 진 의원의 요청을 거절했습니다. 진 의원은 시청 측과 격렬하게 언쟁을 벌였지만 별 소득은 없었습니다.

　진 의원은 여기서 포기하지 않았습니다. 진 의원은 보좌진 두 명과 사비를 털어 중고 건축 자재를 사서 손수 다리를 놓기 시작했습니다. 작업복을 입고 밀짚모자를 쓴 채 구슬땀을 흘리며 다리를 놓는 것이 어느 정도 진척이 되자, 시청 측에서도 진 의원의 공사를 지원할 수밖에 없게 되었습니다. 결국 개천에는 작은 다리가 하나 생겼고, 도움을 요청한 노인과 노인의 손녀는 이제 비가 와도 걱정하지 않게 되었습니다.

　이 이야기는 드라마 속의 작은 에피소드입니다. 진 의원이 국회의원이라는 직위를 내세우며 직접 무언가를 할 생각 없이 말로만 해결하려 했다면 다리는 결코 만들어질 수 없었을 것입니다. 흙먼지를 뒤집어쓰고 흙탕물에 젖은 진 의원의 모습을 두고 국회의원의 품격이나 권위가 떨어졌다고 말할 사람은 아무도 없을 것입니다. 오히려 진 의원은 사람들에게 인정을 받았고 명예를 얻게 되었습니다. 명예는 지위를 내세우는 사람들이 아니라, 책임을 다하기 위해 자기를 던지는 사람들의 몫입니다.

지금 천국의 자리가
하나 남아 있다고 하는데,
지금 바로, 그 자리를
당신의 자리로 만드세요

든든한 자존심이 만들어 낸
자신을 낮추는 겸손,
그 착하고도 우아한 매너로 말이에요

누구든지 자기를 높이는 자는 낮아지고
누구든지 자기를 낮추는 자는 높아지리라

마태복음 23장 12절

셀프토크 SELF TALK

다음 문항들을 읽고 체크해 보세요. 정답은 없습니다. 여기에서의 **O X** 는 스스로에게 던지는 질문일 뿐입니다. 자기 자신에 대한 질문에는 '정답'이라는 것이 없습니다. 중요한 것은 스스로가 자신에 대해 묻고 자기 자신에 대해 얼마나 제대로 알고 있는가입니다. 이제 자기와의 대화를 천천히, 아주 천천히 나눠 보세요.

▩ 워싱턴 장군의 행동은 본받을 만하지만 한편으로는 감독관 **O X**
   의 자존심을 지나치게 상하게 했다. 만약 나라면 감독관을 말
   로 조용히 타일렀을 것이다.

▩ 감독관의 스타일이 현실적이다. 감독관이 다른 사람들과 함 **O X**
   께 직접 일에 뛰어든다면, 오히려 사람들은 감독관의 지시 사
   항을 잘 따르지 않을 것이다.

▩ 존경과 명예는 말로 만들어지지 않는다. 나는 언제나 조지 워 **O X**
   싱턴처럼, 진 의원처럼 말 대신 행동으로 표현하겠다.

▩ 명예란 쉽게 얻어지는 것이 아니라 의무가 수반되는 것이다. **O X**
   수고스러움, 불편, 불이익을 감수하고라도 마땅히 해야 할 일
   들을 다 마쳐야만 명예를 얻을 수 있다.

▩ '나에게는 명예가 있다'라는 생각은 오히려 사람을 오만하게 **O X**
   만든다.

Box Tip

태도가 운명이다

나이가 들어갈수록 삶의 태도가 정말 중요하다는 것을 깨닫게 된다. 나에게 태도는 과거, 교육, 돈, 환경, 실패, 성공보다 중요하다. 나에게 태도는 다른 사람들이 생각하고 말하고 행동하는 것보다 중요하다. 나에게 태도는 외모보다, 그리고 재능이나 스킬보다도 중요하다. 태도는 회사나 교회, 혹은 가정을 꾸리게도 하고 와해시키기도 한다. 놀랄 만한 것은 우리가 매일매일 삶에 대한 태도를 선택할 수 있다는 것이다. 우리는 우리의 과거를 바꿀 수 없다. 사람들이 특정한 방식으로 행동하는 것을 바꿀 수 없다. 바꿀 수 없는 것은 바꿀 수 없는 것이다. 유일하게 할 수 있는 것은 우리가 가진 한 가지를 고수하는 것이다. 그것은 우리의 태도다. 인생에서 나에게 일어나는 것이 10퍼센트라면 내가 그것에 반응하는 방식이 90퍼센트라고 확신한다. 당신, 그리고 우리는 자신의 태도에 대한 책임이 있다.

찰스 스윈돌Charles R. Swindoll

가면을 쓴다면
누가 누군지
알 수가 없어요.
어느 학교
출신인지
어느 집안
출신인지
얼마나
돈이 많고
얼마나
잘생겼는지
알 수가 없어요.
오직 태도와
매너만이
그가
누구인지를
그가
어떤 사람인지를
보여 줄
뿐이지요.

에두아르 마네Édouard Manet,
프랑스 1832~1883,
〈오페라 극장에서의 가면 무도회〉,
1873. Oil on canvas, 59.1x72.5cm.
National Gallery of Art, Washington

Lesson 02

나를 만나기

COLOR
나에겐 컬러가 있습니다

WHITE 곧이곧대로 말하지 않고서는 견딜 수가 없습니다
BLUE 갚을 것은 갚아야 직성이 풀립니다
RED 위급할 땐 물불을 가리지 않습니다
PURPLE 제가 하지 않으면 누가 하겠습니까?
GREEN 분통이 터질 땐 '서킷 브레이커'를 발동시킵니다
YELLOW 말이 아니라 행동으로 책임을 집니다
GREY 입은 닫고 귀만 열어 둡니다

어떤 사람이 저명인사 12명에게
장난삼아 전보를 보냈습니다.
전보의 내용은 다음과 같았습니다.
"빨리 피하라, 모든 것이 밝혀졌다."
그러자 그 12명 모두
24시간 안에 다른 나라로
달아나고 말았습니다.
뭔가 찔리는 구석이 있다는 것이겠죠.

높은 지위와 권력을 갖고 있더라도,
많은 돈과 멋진 외모로
아무리 존경을 받고 있더라도,
과연 그들은 행복할까요?
많은 사람들에게 둘러싸여
웃고 떠들며 행복한 체 하더라도
홀로 있는 깊은 밤,
그들은 과연 편안한 잠자리를
가질 수 있을까요?

구스타프 클림트Gustav Klimt, 오스트리아 1862~1918, 〈처녀〉, 1913
Oil on canvas, 190x200cm. Národní galerie v Praz

프로방스 아를르에서 고흐는 꺼져 가는 삶의 마지막 불꽃을 태웠다.
빛나는 햇살과 각양각색으로 노래하는 꽃들 속에서
자신만의 색깔과 빛으로!

빈센트 반 고흐Vincent Van Gogh 네덜란드 1853~1890, 〈꽃 핀 복숭아나무〉, 1888
Oil on canvas, 73x59.5cm. Van Gogh Museum, Amsterdam

나는 화이트*입니다

곧이곧대로 말하지 않고서는
견딜 수가 없습니다

스스로를 속이지 않는 솔직함을 가진
나의 컬러는 **WHITE**입니다.

제이나는 배구 선수입니다. 고등학교 2학년 때 그녀의 배구팀이 유타 주 고교 배구 대회 결승전에 진출했습니다. 게임은 예측불허였고 막상막하였습니다. 이쪽에서 스파이크로 한 점을 올리면 저쪽에선 블로킹으로 또다시 한 점을 올리는 식이었습니다. 선수들의 파이팅과 열기는 최고조에 달해 있었고 응원석 역시 흥분해 있었습니다. 심판들도 바짝 긴장한 모습이었습니다.

---

* WHITE 흰색은 이지적이고 고급스러운 이미지를 가지고 있습니다. 강한 의지와 독립심을
표현하며, 당당함, 솔직함을 상징합니다.

제이나는 공격수였습니다. 쉴 새 없이 뛰어올라 계속 스파이크를 했지만 상대편의 블로킹도 만만치가 않았습니다. 제이나는 온몸이 땀으로 범벅이 되었고 녹초가 되어 가고 있었습니다. 전광판에 떠 있는 스코어가 보였습니다. 마지막 세트가 23대 24로 제이나의 팀이 뒤처지고 있었습니다. 서비스는 상대편의 것이었고, 이번 공격에서 득점을 못하면 제이나와 그녀의 동료들은 쓰디쓴 패배를 맛보게 될 것이었습니다.

심판의 휘슬 소리가 들렸고, 상대편의 서브가 날아오는 순간, 제이나는 세터와 눈으로 신호를 교환했고 재빨리 위치를 잡아 날렵하게 뛰어올랐습니다. 마침 딱 좋은 타이밍에 토스가 연결되었습니다. 제이나는 블로킹 사이를 날카롭게 파고들면서 있는 힘을 다해 스파이크를 했습니다. 그러나 상대 수비는 놀랍게도 다이빙으로 그 공을 살렸습니다. 그리고는 자기 편 세터에게 연결하는 데까지 성공했습니다. 상대 세터는 재빨리 몸을 움직여 오픈 핸드로 올렸습니다. 제이나는 상대 공격수가 점프하는 동작을 놓치지 않고 블로킹을 했습니다. 퍽, 퍽, 퍽, 하는 소리와 함께 휘슬이 울리면서 심판은 제이나 팀의 득점을 선언했습니다. 응원석에서는 함성이 터졌고 그녀의 동료들은 하이파이브를 하며 "하나 더!"라고 외쳤습니다.

제이나가 블로킹을 하려는 순간 팔꿈치가 네트에 살짝 닿았습니다. 오직 그녀 외엔 그 누구도 그녀가 네트터치 반칙을 했다는 사실을 알지 못했습니다. 심판도 그 순간을 보지 못했습니다. 그녀는 잠시 멈칫하다가, 네트를 잡아채 흔들며 어필하는 모션을 취하고는 "제가 네트를 건드렸는데요!"라고 말했습니다. 그러자 제이나의 코치는 무서운 얼굴로 그녀를 노려보며 "잔말 집어치워. 심판 판정에 복종해!"라고 외쳤습니다.

"타임아웃" 심판이 외쳤습니다. 제이나를 유심히 보던 심판이 다시 자세를 고쳐 잡았습니다. 그리고 휘슬을 다시 불더니 네트터치를 알리는 모션을 하고 상대편의 득점을 선언했습니다. 그것을 마지막으로 그날의 경기는 막을 내렸습니다.

그녀는 한동안 생각에 잠겼습니다. 그녀가 라커 룸에서 나왔을 때는 이미 시간이 꽤 흐른 뒤였습니다. 체육관은 적막했습니다. 제이나가 걸음을 옮길 때마다 운동화가 바닥에 닿으며 나는 마찰음만이 체육관 안을 가득 메우고 있었습니다. 제이나는 밝게 웃었습니다. 비록 유타 주 챔피언이라는 영예는 날아갔지만 우승보다 정직을 선택한 자신이 진짜 승리자라고 믿었기 때문입니다.

팀에서는 그런 그녀의 행동을 두고 누구도 칭찬하지 않았습니

거짓말은 자신에 대한 모욕입니다.

정직하다는 것은 사람에게

자존심이 있다는 것을 증명해 줍니다.

자신이 소중하다고 여기는 사람은,

자존심 때문에도 거짓을 선택하지 않습니다.

가짜 지성은 거짓과 손을 잡지만,

진짜 지성은 오로지 정직과 함께합니다.

조반니 바티스타 티에폴로Giovanni Battista Tiepolo, 베네치아 1696~1770, 〈병사들에게 연설하는 제노비아 여왕〉, 1725~1730
Oil on canvas, 261.4×365.8cm. National Gallery of Art, Washington

다. 그러나 비난을 하지도 않았습니다. 그녀가 심판에게 말하지 않았다면 누구도 몰랐을 반칙이었습니다. 그녀는 스스로 선택했습니다. 그것에 대해 망설이지도 않았습니다. 우승이라는 영예조차 포기했습니다. 친구들이 보내는 불편한 시선도 참아 냈습니다.

제이나는 과연 어리석었을까요? 어쨌든 제이나는 그날 밤 편하게 잠들었을 것입니다. 마음에 무거운 짐을 남기지 않았기 때문이지요. 이것이 바로 정직함이 주는 즐거움일 것입니다.

안드레아 만테냐Andrea Mentegna, 이탈리아 1431~1506,
〈지성과 정직의 정원에서 무지와 거짓의 야만을 쫓아내는 아테나 여신〉, 15세기 경
Oil on canvas, 161x192cm. Musée d'Orsay, Paris   그림 94~95p

아테나 여신은 지혜를 상징하는 신으로 '미네르바의 부엉이'를 항상 어깨 위에 앉히고 다녔습니다. 아테네 사람들은 아테나신을 사랑하여 스스로를 아테네라 불렀던 것입니다. 그런데 아테나 여신은 때로 전쟁을 상징하는 힘이기도 합니다. 왜냐하면 지혜가 가장 좋아하는 정직이 지혜가 가장 싫어하는 거짓을 이기려면 지혜가 나약하지 않고 힘이 세야 하기 때문입니다. 사실, 아테네인들이 서양 문명의 원조라는 자부심을 가질 수 있었던 이유는 아테네인들의 정직이 야만족들의 거짓을 압도할만한 힘이 있었기 때문입니다.

라파엘로 산치오Raffaello Sanzio(Raphael), 이탈리아 1483~1520, 〈아테네 학당〉, 1483
Fresco, 500x700cm. Musei Vaticani, Vatican City   그림 96~97p

인류 최초의 학교 아카데미아Academia를 만든 그리스 사람은 인간을 고귀한 존재로 만드는 것은 오로지 정직과 지성뿐이라고 믿었습니다. 소크라테스가 '너 자신을 알라Gnothi Seauton'라고 말한 것도, 아폴로 신을 모시고 있던 델포이 신전에 '너 자신을 알라'라고 쓰여 있었던 것도 정직과 지성이 최고의 가치였기 때문입니다. 아테나 여신의 지혜를 존경하고 사랑했던 아테네 시민들은 철학과 지식의 학교를 열어 토론과 연구에 열정을 쏟았습니다. 마치 도시 아테네가 모두 학교인 것처럼……. 그림에서 손을 들어 하늘을 가리키는 이상주의 철학자 플라톤(그림 중앙 왼쪽, 플라톤은 인류 최초의 학교 아카데미아를 세웠지요)과 '만학의 왕'으로 불리는 현실주의자 아리스토텔레스(그림 중앙 오른쪽에서 손을 펴 땅을 가리키네요.)가 마치 오늘의 대학교에서 토론하고 공부하듯 책을 들고 함께 걷고 있어요. 플라톤은 소크라테스의 제자가 될 수 있었던 자신의 운명에 감사한다고 했어요.

아테나 여신이
야만과 거짓을
신전에서
쫓아냈다.
지혜와 정직은
힘이 세고
야만과 거짓은
힘이 약했기
때문에 가능했다.
정직은
힘이 세서
언제나
거짓을
이길 수 있다고
그렇게
옛 그리스인들은
생각했다.
……
그런데
2000년이 지난
지금
우리는?

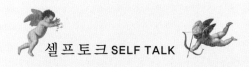

셀프토크 SELF TALK

다음 문항들을 읽고 체크해 보세요. 정답은 없습니다. 여기에서의 **O** **X**는 스스로에게 던지는 질문일 뿐입니다. 자기 자신에 대한 질문에는 '정답'이라는 것이 없습니다. 중요한 것은 스스로가 자신에 대해 묻고 자기 자신에 대해 얼마나 제대로 알고 있는가입니다. 이제 자기와의 대화를 천천히, 아주 천천히 나눠 보세요.

- 스스로 밝히지 않았다면 아무도 몰랐을 반칙이었기에 밝히지 않는 편이 더 나았다. **O** **X**

- 심판 본인이 목격한 것도 아니면서 제이나의 고백만으로 판정을 번복하는 것은 옳지 않았다. 부심과 의논하거나 점수를 무효화한 뒤 다시 경기를 진행하는 방법을 택했어야 한다. **O** **X**

- 코치는 심판에게 판정 번복에 대해 항의했어야 한다. **O** **X**

- 제이나처럼 너무 정직하면 사회에서 성공하기 어려울 것이다. **O** **X**

- 나는 선생님이나 부모님께 야단맞을 것을 각오하고라도 사실을 있는 그대로 말하는 편이다. **O** **X**

- 나는 순간적인 거짓말로 위기를 모면하기보다 손가락질을 받더라도 정직하게 행동할 때 마음이 더 편하다. **O** **X**

- 내가 제이나라면 ＿＿＿＿＿할 것이고 심판이라면 ＿＿＿＿＿할 것이다.

- 내가 가장 정직하게 행동했던 사건은 ＿＿＿＿＿이었다.

벽에는 최후의 심판 장면을 묘사한 그림이 붙어 있다. 그 앞에서 여인은 보석과 금붙이들을 저울에 올려 놓으려 하고 있다.
무엇이 값진 것이며 무엇이 헛된 것일까?

헛되고 헛되며 헛되고 헛되니 모든 것이 헛되도다
전도서 1장 2절

거짓으로 쌓은 부귀영화는 그저 한순간의 모래성이다.
오직 정직만이 변치 않는 성공의 주춧돌일 뿐

요하네스 얀 베르메르Johannes Jan Vermeer, 네덜란드 1632~1675, 〈저울질을 하는 여인〉, 1664년경
Oil on canvas, 39.7x35.5cm. National Gallery of Art, Washington

나는 블루*입니다

갚을 것은 갚아야 직성이 풀립니다

누가 뭐래도 지킬 것은 지키는
나의 컬러는 BLUE입니다.

   6.25 전쟁이 한창이던 1951년 1월 초, 모두가 피난 준비를 하느
라 부산하던 때였습니다. 거리는 이미 폐허가 되어 있었습니다. 가
방을 든 어떤 남자가 서울 시내의 한 은행 문을 밀고 들어갔습니다.

   "빌린 돈을 갚으러 왔습니다."

   남자가 서류 가방을 열며 말했습니다.

   "빌린 돈을 갚겠다고요? 지금 이 전쟁 통에? 높은 분들은 모두

---

* BLUE 파랑은 일반적으로 신뢰감, 성실함, 리더십, 책임감, 자립심 등을 상징합니다. 편안
하고 시원한 느낌을 주며 진취적인 이미지를 가지고 있는 색입니다.

100

부산으로 갔어요. 대출 장부가 어디 있는지도 몰라요. 일부는 부산에 있고, 일부는 분실되었어요. 돈을 빌려 갔던 사람들은 이제 돈을 갚지 않아요. 아마 당신의 대출 장부도 분실되었을 걸요?"

이 말을 듣고 남자는 잠시 망설였습니다. '내가 돈을 갚더라도 이 사람들이 꿀꺽할 수 있는 것 아닌가?' 남자는 자칫하면 돈을 갚는 것이 무의미해질 수도 있겠다고 생각했습니다. 남자는 잠시 생각에 잠겼다가, 돈을 갚겠다고 말했습니다. 영수증에는 은행원들의 도장을 찍었습니다.

이후에 남자는 가족들을 데리고 제주도로 가서 군대에 식품을 납품하는 일을 시작했습니다. 한 사단장이 그를 좋게 보았는지 추가로 생선을 납품해 달라고 했습니다. 남자는 품질은 유지하되 가격은 최대한 낮추었고, 납품 기일을 지키는 데에도 많은 신경을 썼습니다. 이렇게 성실한 자세로 일을 하다 보니, 얼마 지나지 않아 생선을 공급해 달라는 요청이 물밀 듯이 밀려들어 왔고 성사된 계약 건수는 크게 늘어났습니다. 그 주문들을 전부 소화하려면 큰 배가 필요했습니다. 그러나 배를 구입하려면 많은 돈이 있어야 했는데, 그에게는 그만한 돈이 없었습니다.

남자는 다시 한번 은행을 찾았습니다. 정식 절차를 밟아 대출 신

귀스타브 카유보트Gustave Caillebotte, 프랑스 1848-1894, 〈유럽의 다리〉, 1876
Oil on canvas, 105x131cm. Kimbell Art Museum, Fort Worth, Texas

G. Caillebotte.

청을 했지만 은행은 거절했습니다. 전쟁 중이라는 열악한 경제 조건하에서 돈을 빌려주는 것은 위험부담이 크다는 판단에서였습니다. 결국 대출을 받지 못한 채 은행 문을 나서려던 참이었습니다. 문득 남자는 자신이 과거에 갚았던 돈이 잘 처리되었는지 알아봐야겠다고 생각했습니다. 그래서 은행원들의 도장이 찍혀 있는 그때의 영수증을 꺼냈습니다.

"아! 바로 당신이었군요!" 영수증을 보자마자 과장이 외쳤습니다.

"중국 군대가 서울에 들어오기 바로 몇 시간 전 빚을 갚은 사람이 있다는 말을 들었을 때 우리 모두 귀를 의심했지요. 당신의 이야기는 은행가에서 전설이 됐어요. 당신을 행장님에게 소개하고 싶습니다. 저를 따라오세요."

자초지종을 들은 은행장은 울먹이며 남자의 손을 꽉 잡았습니다.

"당신처럼 정직한 사업가들이 더 많아졌으면 좋겠습니다. 사업하는 사람들은 속임수를 쓰지 않고는 돈을 모을 수 없다고 생각하는 것 같아요. 그러나 당신은 다르군요. 당신은 정직한 사업가의 모델이자 본보기입니다. 얼마가 필요하십니까? 현재 저희 상황도 좋지는 않지만 당신을 돕기 위해서라면 최선을 다하고 싶습니다."

영수증 한 장이 한 사람의 인생을 완전히 바꿔 놓았습니다. 은행에서 대출받은 돈으로 남자는 사업을 번창시켰고, 후에 기업을 크게 일으켰습니다. 이 남자는 바로 '한국 유리'의 창업자 최태섭입니다. 이 사건 이후로 최태섭은 정직함이 최선의 결과를 가져온다는 믿음을 더욱 굳건히 갖게 되었습니다. 회사를 운영하며 고비가 올 때마다 최태섭은 한결같이 정직하려고 애썼습니다. 정직과 신용이 그만큼 중요하다는 것을 최태섭은 알고 있었기 때문입니다.

눈앞의 이익보다 정직함을 더 중요하게 여기는 이런 사람이야말로 글로벌 시티즌의 모델이라 할 수 있습니다.

《사기》에서 사마천은 말했습니다
"때로 이익은 지혜를 어둡게 만든다"라고.
《논어》에서 공자도 말했습니다
"작은 이익을 얻으려 하면 큰일을 이루지 못한다"라고.
글로벌 시티즌 역시 눈앞의 이익보다
정직을 더욱 소중하게 생각합니다

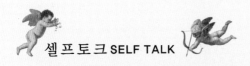

셀프토크 SELF TALK

다음 문항들을 읽고 체크해 보세요. 정답은 없습니다. 여기에서의 **O X**는 스스로에게 던지는 질문일 뿐입니다. 자기 자신에 대한 질문에는 '정답'이라는 것이 없습니다. 중요한 것은 스스로가 자신에 대해 묻고 자기 자신에 대해 얼마나 제대로 알고 있는가입니다. 이제 자기와의 대화를 천천히, 아주 천천히 나눠 보세요.

▣ 전쟁 중과 같은 특수한 상황에서 대출 장부가 분실되어 사람   **O X**
　 들이 대부분 돈을 갚지 않더라도, 최태섭처럼 빌렸던 돈은 반
　 드시 갚아야 한다.

▣ 전쟁 중에 돈을 갚으려 하는 고객이 있더라도 분실의 위험을   **O X**
　 고려해서 은행원들은 돈을 받지 말아야 했다.

▣ 너무 맑은 물에는 고기가 살지 않는다는 말이 있듯이 너무   **O X**
　 정직하면 다른 사람들과 깊게 사귀는 것이 어려울 것이다.

▣ 매점이 내일 폐업한다고 한다면, 나는 그동안 밀려 있던 외상   **O X**
　 값을 갚을 것이다.

▣ 사업을 하는 사람이 정직과 신뢰를 강조하면 망한다.   **O X**

▣ 내가 생각하기에 정직하기 위해서는 _____이 필요하다.

▣ 내가 생각하는 정직이란 _____이다. 왜냐하면 _____이기
　 때문이다.

나는 레드*입니다

위급할 땐 물불을 가리지 않습니다

옳다고 판단되면 일단 저질러 놓고 보는
나의 컬러는 RED입니다.

서울 마포구 도화동, 집 옆의 기찻길 근처에서 뛰어놀던 소년이
있었습니다. 소년의 이름은 행균이었습니다. 소년은 가난했지만 기
차를 운전해 보겠다는 꿈을 키워 가고 있었습니다. 결국 그는 철도
고등학교에 진학했고 철도원이 되었습니다.

20여 년간 철도원으로 근무하던 그에게 2003년 여름, 끔찍한 일
이 일어났습니다. 아이가 안전선 안으로 걸어 들어가는 것을 본 그

---

* RED 빨강은 시각적으로 흥분을 일으키는 자극적인 색입니다. 적극적이고 정열적인 성향,
 용기, 모험심, 생명력, 따뜻함을 상징하며, 주목성이 강한 색입니다.

는 위험을 감지하고 아이를 안전선 밖으로 밀어 내다 선로 위에 떨어졌습니다. 곧이어 기차가 진입했고 그는 다시 올라오려 했지만 이미 때는 늦었습니다. 다행히 목숨은 건졌지만 다리 절단 수술을 받아야 했고, 다리를 잘라 낸 자리에는 의족을 달았습니다. 수술을 받은 뒤 1년 만에 그는 일터로 돌아왔습니다. 그가 바로 '아름다운 철도원'으로 잘 알려진 김행균 씨입니다.

김행균 씨는 이후에도 여러 가지 일을 했습니다. 한국생명나눔 운동본부의 서울 지하철 1호선 온수역 '생명 나눔의 집' 개소식 때 장기 기증 서약을 했습니다. 또 서해 교전에서 부상을 당한 이희완 대위와 함께 〈국방일보〉 주최 '전우 마라톤'에 참가해 5km를 완주하기도 했습니다. 일곱 차례에 걸쳐 수술과 재활을 반복한 김 씨의 얼굴에서는 그러나 사고의 흔적을 엿볼 수 없습니다. 그는 누구라도 자신처럼 뛰어들었을 것이라고 말합니다. 그러나 누구나 자신의 목숨을 걸고 선뜻 남을 구할 수는 없을 것입니다.

뛰어든다는 것은 위험한 상황에 처했을 때 계산하거나 머뭇거리지 않고 실행에 옮길 수 있는 삶의 자세를 말합니다. 망설이다 보면 너무 늦을지도 모릅니다. 자신이 방관자가 되었다는 자책감을 안은 채 나머지 생을 살아가야 할지도 모릅니다. 반면, 어떤 사람들은 '뛰

고대 팔레스타인이 이스라엘을 침공했을 때 선봉장 골리앗이 "겁쟁이 이스라엘 놈들아, 누가 나를 상대하겠느냐?"라며 윽박지르자 소년이었던 다윗이 돌멩이 다섯 개와 무릿매를 들고 뛰어든다. 다윗은 골리앗이 얼마나 힘이 센지, 무예가 얼마나 출중한지 따져 보거나 머뭇거리지 않았다. 그저 나라가 위급하다는 생각에 뛰어들었을 뿐이다.

안드레아 델 카스타뇨Andrea del Castagno, 이탈리아 1423~1457, 〈다윗과 골리앗〉, 1450~1455
Tempera on leather on wood, width at top:15.5×76.5cm/width at bottom:115.5×40.6cm. National Gallery of Art, Washington

어들기'를 마땅히 해야 할 일이라고 생각합니다. 그들은 평소에 준비되어 있던 사람들이라고 할 수 있습니다.

불이 나서 아이를 업고 나온다는 것이 그만 베개를 들고 나왔다는 사람의 이야기를 들은 적이 있습니다. 반대로 불이 났을 때 신속하게 움직여 사람들을 구해 낸 소방관의 일화도 있습니다. 발을 동동 구르거나 소리를 지르고 눈물을 흘린다고 해서 달라지는 것은 아무것도 없습니다. 직접 뛰어드는 사람만이 곤경에 빠진 사람들을 구해 낼 수 있습니다. 현대사회에서의 영웅은 전쟁을 승리로 이끄는 사람이나 재벌만이 아닙니다. 곤경에 처한 이들을 위해 망설임 없이 뛰어들 수 있는 사람입니다.

김행균 씨는 그러므로 이 시대의 작은 영웅입니다. 이런 영웅들이 늘어날수록 우리 사회는 점점 살맛 나는 곳이 될 것입니다.

강한 것을 이길 수 있는 약한 것들, 그리고 그들의 용기
첫째, 사자에게 두려움을 주는 모기
둘째, 물소에게 두려움을 주는 거머리
셋째, 전갈에게 두려움을 주는 파리
넷째, 매에게 두려움을 주는 거미
아무리 힘이 약해도, 약자가 용기를 갖는다면
때로 크고 강한 자를 이길 수 있다는 것을 그대는 아는가
                                                        탈무드

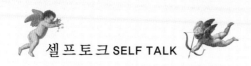

셀프토크 SELF TALK

다음 문항들을 읽고 체크해 보세요. 정답은 없습니다. 여기에서의 **O X** 는 스스로에게 던지는 질문일 뿐입니다. 자기 자신에 대한 질문에는 '정답'이라는 것이 없습니다. 중요한 것은 스스로가 자신에 대해 묻고 자기 자신에 대해 얼마나 제대로 알고 있는가입니다. 이제 자기와의 대화를 천천히, 아주 천천히 나눠 보세요.

- 기차가 들어올 때에는 안내 방송을 했어야 하고 철도원들은 **O X** 승차 안내를 철저히 했어야 한다.

- 아이가 안전선 안쪽으로 걸어 들어간 것은 보호자의 책임이다. **O X**

- 김행균 씨가 바로 뛰어드는 것이 가능했던 이유는 그가 평소 **O X** 에 희생정신이 투철했기 때문이다.

- 내가 만약 김행균 씨와 같은 상황에 처했더라면, 사고를 당한 **O X** 이후의 삶이 두려워 아이를 구하기 힘들었을 것이다.

- 부모님과 함께 횡단보도를 건너는데 차가 그대로 돌진해 온다면 나는 _____ 할 것이다.

- 등교 시간이 5분 남았는데 학교 근처에 할머니가 쓰러져 있는 것을 보게 된다면 나는 _____ 하겠다.

- 용기있는 사람이 되기 위해 필요한 것은 _____ 이다.

- 가장 친한 친구를 위해 내가 희생할 수 있는 부분은 _____ 이다.

나는 퍼플*입니다.

제가 하지 않으면 누가 하겠습니까?

책임감 있고 사려 깊은
나의 컬러는 PURPLE입니다.

100년 하고도 수십 여 년 전의 일입니다. 서당에서 아이들이 훈장에게 벌을 받고 있었습니다. 훈장이 평소에 아끼던 책을 누군가가 갈기갈기 찢어 놓았기 때문입니다. 훈장이 벼락처럼 호통을 치는 바람에 아이들은 모두 기가 죽어 숨도 제대로 쉬지 못할 정도였습니다.

"너희들 중에 분명히 범인이 있는 것 같은데, 끝까지 바른 말을

---

* PURPLE 보라는 신비롭고 감수성이 풍부한 느낌을 줍니다. 일반적으로 예술, 고귀함, 섬세함, 사려깊음, 신비로움, 직관력을 상징합니다.

매일 한 명의 젊은이를 먹이로 바칠 것을 요구하는 용 때문에 세레나 왕국은 도탄에 빠졌다. 그때 젊은 기사 게오르그가 앞뒤 따져보지도 않은 채 오직 의기 하나로 "내가 용을 물리치지 않으면 누가 할 것인가?"라고 외치며 과감히 뛰어들었다. 내가 살고 있는 곳에서 일어나는 모든 일이 내 일이다.

내가 물리치지 않으면 누가 할 것인가?
내가 하지 않으면 누가 할 것인가?

라파엘로 산치오 Raffaello Sanzio(Raphael), 이탈리아 1483~1520, 〈용을 무찌르는 성 게오르그〉, 1506년경
Oil on panel, 28.5×21.5cm. National Gallery of Art, Washington

하지 않겠다는 것이냐?"

계속 호통을 쳐도 범인이 나오지 않자, 훈장은 밤을 지새우더라도 반드시 범인을 가려내겠다고 으름장을 놓았습니다. 그때 한 아이가 훈장 앞으로 나오며 말했습니다.

"제가 그랬습니다. 훈장님."

훈장은 다른 아이들이 보는 앞에서 그 아이의 종아리에 매질을 한 뒤 벌도 주었습니다.

"내일부터 다른 아이들보다 일찍 와서 방 청소를 해 놓아라."

아이는 다음 날 아침부터 방 청소를 시작했습니다.

어느 날, 남들보다 일찍 서당에 나온 아이는 방에 들어서다가 깜짝 놀랐습니다. 다른 때 같으면 아무도 없어야 할 방 안에 훈장이 앉아 있었던 것입니다. 아이는 자신이 뭔가 잘못을 했는지 싶어서 걱정했습니다. 그렇지만 아무리 생각해도 그런 것은 없었습니다.

훈장이 나직하게 아이를 불렀습니다.

"내가 네게 실수를 했구나. 알고 보니 책을 찢은 녀석은 바로 내 손자 녀석이었더구나. 그런데 그날 너는 왜 네가 하지도 않은 일을 했다고 나섰느냐?"

"만약 그날 자기가 했다고 아무도 말하지 않았다면 모두 집에 돌아가지 못하고 서당에서 밤을 새우게 됐을 거예요. 그렇게 되면 다음 날 집안일이나 농사일을 거들기 힘들 것 같아서요."

"그렇게 기특한 생각을 한 걸 내가 미처 몰랐구나. 오늘부터 네게 내린 벌을 거둘 테니 방 청소는 하지 말거라."

그러자 아이가 다소곳이 말했습니다.

"아닙니다. 제가 앉아서 공부할 방인데 제가 청소하지 않으면 누가 하겠습니까?"

이것은 녹두 장군 전봉준의 어린 시절 이야기입니다.

나는 내 몸에서 일어나는 일에, 내 마음이나 생각에서 생겨나는 잘못들에 책임이 있습니다. 내 가족에게 일어난 일, 내 팀에서 일어난 일, 국가에서 일어난 일도 다 내 책임입니다. 결국 세상에서 일어나는 모든 일이 내 일이나 마찬가지입니다. 청소를 하는 것이든, 세금을 내는 것이든, 아니면 환경을 보호하는 것이든 내가 하지 않으면 대체 누가 하겠습니까?

나의 매일매일의 삶이 곧 역사다
'지금, 내가 무엇을 위해 사는가, 그리고 어떻게 행동했는가'
그것이 매일매일, 오늘의 인류 역사를 만든다

프리드리히 니체Friedrich Nietzsche

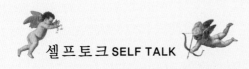

셀프토크 SELF TALK

다음 문항들을 읽고 체크해 보세요. 정답은 없습니다. 여기에서의 **O** **X**는 스스로에게 던지는 질문일 뿐입니다. 자기 자신에 대한 질문에는 '정답'이라는 것이 없습니다. 중요한 것은 스스로가 자신에 대해 묻고 자기 자신에 대해 얼마나 제대로 알고 있는가입니다. 이제 자기와의 대화를 천천히, 아주 천천히 나눠 보세요.

- 전봉준의 행동은 옳지 않다. 사실이 아닌 것을 사실인 것처럼 **O** **X** 말하는 것은, 그 목적이 무엇이든 인정할 수 없다.

- 전봉준이 나서는 바람에 다른 아이들이 깊이 생각해 보고 깨 **O** **X** 달을 수 있는 기회를 잃었다.

- 시대의 문제, 공동선의 문제, 그리고 세계적인 문제에 관한 **O** **X** 것은 정치가나 사회 운동가의 몫이다. 나처럼 평범한 개인은 굳이 관심을 가질 필요가 없다.

- 남이 받아야 할 벌을 대신 받는 것은 민주주의 국가에서 있 **O** **X** 을 수 없는 일이다. 법을 어긴 당사자가 반성을 하지 않아도 된다는 생각을 갖게 만들기 때문이다. 동시에 인권 유린 행위라고도 볼 수 있다.

- 오늘날 사회가 혼란스러운 이유는 전봉준 같은 성실한 마음 **O** **X** 을 가진 사람들이 드물기 때문이다. 학교에서는 아이들의 성적을 올리는 일에 열을 올리기보다, 아이들의 마음이 성장하도록 도와주는 일에 더 중점을 두어야 한다.

Box Tip

**모두가everybody, 누군가somebody
아무나anybody, 아무도nobody**

이것은 모두가, 누군가, 아무나,

그리고 아무도라는 이름을 가진 네 명에 관한 이야기입니다.

어떤 마을에 꼭 해야만 하는 아주 중요한 일이 있었습니다.

모두가 누군가는 반드시 그 일을 할 것이라고 믿고 있었습니다.

그것은 아무나 할 수 있는 일이었습니다.

그러나 아무도 그 일을 하지 않았습니다.

누군가는 그 사실에 화를 냈습니다.

왜냐하면 그것은 모두가 해야 할 일이었기 때문입니다.

그것은 아무나 할 수 있는 일이라고 모두가 생각했습니다.

그러나 모두가 그것을 하지 않으리라는 것은

아무도 몰랐습니다.

이것은 아무나 할 수 있는 일을 아무도 하지 않았고

그 사실에 놀란 모두가 모두를

서로서로 비난했다는 이야기입니다.

나는 그린[*]입니다.

분통이 터질 땐 '서킷 브레이커'^{**}를 발동시킵니다

평화를 위해 자제할 줄 아는
사회적인 나의 컬러는 GREEN입니다.

크리스마스를 며칠 앞두고 있던 어느 금요일 밤의 일입니다. 미국의 세인트루이스 공항은 고향으로 가려는 수천 명의 승객들로 북적이고 있었습니다. 쉴 새 없이 밀려드는 인파 때문에 공항은 그야말로 발 디딜 틈조차 없을 지경이었습니다. 항공 회사에서는 최선을 다하고 있었지만 여러 편의 비행기 운항이 지연되거나 취소

---

[*] GREEN 초록은 일반적으로 신선함, 평화, 자연, 상쾌함, 젊음, 희망, 휴식 등을 나타냅니다. 강한 신념, 안정, 성실을 상징하기도 합니다.

^{**} circuit breakers 주식 시장에서 주식 가격이 지나치게 오르거나 내렸을 때 주식 거래를 잠시 중지하는 제도다.

되고 있었습니다. 승객들은 점점 술렁이기 시작했습니다. 사람들은 잔뜩 곤두서 있었습니다. 자신들을 스치는 사람에게 아무런 이유도 없이 화를 내기도 했습니다.

길고 긴 줄을 기다려 마침내 자기 차례를 맞은 사나이가 예약한 표를 카운터에 얹으며 탑승표를 받으려고 했습니다. 그의 옆에는 어린 아들이 함께 서 있었습니다. 그러나 직원은 예약 시스템이 정상적으로 작동하지 않아 탑승표를 줄 수 없다고 대답했습니다.

사나이의 얼굴이 뻘겋게 달아올랐습니다. 그는 극도로 흥분해서 어쩔 줄 몰라 하면서 가쁘게 숨을 몰아쉬기 시작했습니다. 그 자리에 있던 사람들은 뭔가 큰일이 벌어질 것 같다고 생각했습니다. 사나이가 갑자기 주먹을 불끈 쥐었고, 주변 사람들은 순간 긴장했습니다. 사나이는 자신의 어린 아들을 흘끗 보았습니다. 순간적으로 멈칫하며 그는 직원에게 이렇게 말했습니다.

"죄송합니다. 잠시 생각할 시간을 주시오. 내가 과연 후회할 짓을 할 것인지 말 것인지."

구경꾼들은 초조해하며 서로를 바라보았습니다. 정적이 흘렀고, 주변의 모든 시선이 그 사나이의 주먹에 집중되었습니다. 카운터 직원의 얼굴은 마치 백지장처럼 창백해져 있었습니다. 주먹을 불끈 쥔 채 사나이는 뒤로 돌아섰습니다. 직원에게 등을 돌린 채로 그는 동작을 멈추고 몇 차례 심호흡을 했습니다. 그리고서 카운터 쪽으로 천천히 몸을 돌리고는 문제의 직원을 정면으로 응시했습니다. 그리고는 나직한 목소리로 이렇게 말했습니다.

"좋소. 이제 흥분이 가라앉았소. 산타나에 제시간에만 도착할 수 있도록 해 주시오. 아들과의 약속을 지킬 수 있게."

구경꾼들이 일제히 박수를 쳤습니다. 아이도 자신의 아버지를 바라보며 환하게 웃었습니다. 그 광경을 지켜본 모든 사람들은 사나이의 자제력 있는 행동에 박수를 보냈습니다. 공항에 들어선 순간부터 무질서하고 짜증 가득한 공항 내부의 상황에 잔뜩 진저리가 나 있었으니까요.

흥분한 상태에서도 자제력을 발휘하기 위한 가장 효과적인 방법 중 하나는 '1+3+10 전략'입니다. 스스로 자제력을 잃어 가고 있다는 생각이 들 때, 무언가 큰일을 낼 것만 같을 때 일단 '냉정!'이라고 자신에게 한 번 말하고(1) 천천히 복식호흡을 세 번 하고(3) 마지막으로 마음속으로 하나에서 열까지 천천히 셉니다(10). 이것이 '1+3+10 전략'입니다. 누구라도 화를 냈을 만한 상황에서 놀라운 자제력을 보여 주어 주변 사람 모두를 감동시킨 사나이가 사용한 방법이 1+3+10 전략과 비슷합니다. 이런 전략 없이는 순간적인 분노나 충동을 이기지 못해 돌이킬 수 없는 일을 저지르기 쉽습니다. 그런데도 대부분의 사람들은 이런 전략을 가지고 있지 않습니다.

서로 조화를 이루며 살아가는 세상을 만들기 위해서는 나 자신부터 변해야 합니다. 순간적으로 폭발하는 감정을 컨트롤 할 수 있는 사람이 되어야 합니다. 오직 자기를 통제하는 훈련을 거쳐 온 사람들만이 글로벌 시티즌의 자격을 갖추었다고 할 수 있습니다.

분노가 조언을 잘해 준 적은 결코 없다

메난드로스 Menandros

분노하는 사람은 거친 야생마를 타고 있는 것과 같다

벤자민 프랭클린 Benjamin Franklin

가장 멋진 승리는 자기 마음의 분노를 이기는 것이다

라 퐁텐 La Fontaine

밀레의 그림을 보수하려고 자외선으로 투시 작업을 한 결과 드러났던 이야기를 아시나요? 밀레는 〈만종〉 그림 속 두 사람 사이에 놓여 있는 감자 바구니를 그릴 때, 처음에는 감자 바구니 대신 어린아이의 시체가 담긴 박스를 그렸었대요. 굶주리고 아파서 죽은 어린아이를 두고도, 하늘을 향해 원망과 증오에 찬 분노를 표현하지 않고 스스로를 자제하고 대지를 향해 고개를 숙여 기도드리는 부부의 모습을 그린 거지요. 이러한 점이 밀레의 깊은 신앙심과 바른 인성을 드러내 주어, 〈만종〉은 두고두고 위대한 그림으로 평가받는 거예요. 물론 어린아이의 시체를 그림으로 그리는 것이 사람들에게 충격을 줄 수 있었기 때문에 나중에 감자 바구니로 덧그림을 그린 것이지요.

분노가 일 때
나를 지켜 주는 자제력,
바른 인성을 위한 길

분노를 품고 행동하는 것은 폭풍 속에서 항해하는 것이다

덴마크 뱃사람들의 속담

장 프랑수아 밀레Jean-Francois Millet, 프랑스 1814~1875, 〈만종〉, 1857~1859
Oil on canvas, 55.5×66cm. Musée d'Orsay, Paris

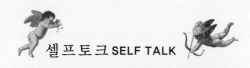

셀프토크 SELF TALK

다음 문항들을 읽고 체크해 보세요. 정답은 없습니다. 여기에서의 **O** **X** 는 스스로에게 던지는 질문일 뿐입니다. 자기 자신에 대한 질문에는 '정답'이라는 것이 없습니다. 중요한 것은 스스로가 자신에 대해 묻고 자기 자신에 대해 얼마나 제대로 알고 있는가입니다. 이제 자기와의 대화를 천천히, 아주 천천히 나눠 보세요.

▨ 사나이는 무성의한 항공사 직원의 태도에 참지 말고 항의했 **O** **X** 어야 한다.

▨ 직원의 상사를 불러 책임을 물었어야 했다. **O** **X**

▨ 무책임하고 불성실한 태도로 사나이를 화나게 한 항공사 직 **O** **X** 원을 고발해야 한다.

▨ 비행기를 제 시간에 타지 못하면 티켓 값은 당연히 환불받아 **O** **X** 야 한다.

▨ 화를 참은 것이 나에게 좋은 기회가 되었던 것은 ＿＿＿＿＿＿ 경우였다.

▨ 친구들 사이에서 나는 ＿＿＿＿＿ 경우에도 화를 참았다.

▨ 부모님과의 대화에서 나는 ＿＿＿＿＿ 경우 분노를 참기 힘들다.

나는 옐로*입니다.

말이 아니라 행동으로
책임을 집니다

자유와 책임을 가지고 즐겁게 살아가는
나의 컬러는 YELLOW입니다.

내가 만약 타석에서 몸을 구부린 채 방망이를 잡고 서 있는 야구 선수라면, 공이 투수의 손을 떠나는 순간 이미 나는 타석을 벗어날 수 없습니다. 누군가에게 나 대신 타격을 하게 할 수도 없습니다. 나에겐 스윙을 할 책임이 있고, 그 책임에서 벗어나기에는 너무 늦은 시점입니다. 내가 스윙을 하지 않는다면 아웃이 선언될 것이고 팀은 패할 것입니다. 그러면 나는 팀에서 벌을 받거나 쫓겨나게 됩

---

* YELLOW 노랑은 외향적이고 적극적인 성격을 뜻하며 생명력, 명랑함, 모험심, 따뜻함을 상징합니다.

니다. 스윙을 했는데 아웃을 당한 것이라면 문제는 없습니다. 최선의 스윙이 꼭 최선의 타격이 되는 것은 아니기 때문입니다.

야구 선수가 되었다는 것은 팀의 일원으로서의 책임까지 수락했다는 것입니다. 팀을 승리로 이끌기 위해 최선의 노력을 다하겠다고 한 것입니다. 그것은 정해진 유니폼을 입고, 연습에 빠지지 않으며, 코치의 말을 잘 따르고, 시합 때 정시에 나오고, 스포츠맨십을 발휘한다는 것을 포함합니다. 팀에서의 역할에 따라 나에게 별개의 책임이 주어지기도 합니다. 만약 주장의 역할을 맡았다면, 선수로서의 책임뿐만 아니라 팀의 모든 활동과 성적에 대해서도 책임을 져야 합니다.

책임을 진다는 말에는 '믿을 수 있다'라는 뜻과 '무언가에 의존하게끔 한다'라는 뜻이 내포되어 있습니다. 팀 동료와 코치는 팀에 필요한 어떤 부분, 이를테면 일루수 역할이나 6번 타자 역할을 내가 해줄 것이라 기대합니다. 어떤 날은 컨디션이 나쁠 수도 있고 어떤 날은 실수를 할 때도 있겠지만, 의도적으로 팀을 해롭게 하지는 않을 것이라 여깁니다. 살다 보면 연습을 하기 싫은 날도 생길 것이고 무언가 볼일이 생기는 날도 있을 것입니다. 그런 날에도 어김없이 연습에 나올 것이라고 생각하는 팀의 기대에 나는 부응해야 합니다. 그것이 책임을 진다는 것입니다.

삼진 아웃을 당했다고 해서 투수나 방망이, 타격 코치, 팀 동료, 불운 등을 탓하는 대신, 다음엔 좀 더 잘하겠다고 다짐하며 백 번이고 천 번이고 참을성 있게 스윙 연습을 열심히 하는 것이 바로 책임을 지는 것입니다. 그렇게 연습한 결과가 안타로 나타날지 홈런으로 나타날지는 모르겠지만, 마음속으로 '열 번 찍어 안 넘어가는 나무는 없다'라고 중얼거리면서 연습을 계속해야 타자로서의 책임을 다하는 것입니다.

자유에는 늘 책임이 따르기 마련입니다. 자유가 없다면 책임도 없습니다. 자유와 책임은 균형을 이루며 우리의 삶을 지탱하고 있습니다. 책임도 지지 않고 자유만 누리겠다는 것은 오직 자기가 하고 싶은 대로만 움직이겠다는 것입니다. 그렇게 되면 결국 자신이 망가지게 됩니다. 그러면 세상도 곧 망하게 되겠지요. 자유가 없는 책임이란 각자 무엇을 원하는가에 대해서는 묵살당한 채 강제로 어떤 일을 하는 것과 같습니다. 그렇게 되면 세상이 먼저 망하게 되고 곧 개인도 망하게 됩니다.

자유와 책임은 한 켤레의 구두와도 같습니다. 한쪽 발에만 자유라는 구두를 신고 다른 쪽 발은 맨발인 채 돌아다니면, 그 사람은 정신 나간 사람 취급을 받을 것입니다. 반대로 한쪽 발에 책임이라는 구두를 신고 다른 쪽 발은 맨발인 채 다닌다면 역시 같은 취급을 받을 것입니다. 세상이라는 길 위를 당당하고 품위 있게, 또 힘차게 걸어가고 싶다면 자유와 책임이라는 구두를 양쪽 발에 다 신어야 합니다.

뭔가 잘못된 일에 대해 사회 지도층이나 고위 관리들이 책임을 지겠다고 말하고는 곧 그 자리에서 물러나는 모습을 우리는 뉴스에서 자주 보곤 합니다. 그러나 자리에서 물러난 후 그들이 책임을 제대로 졌는지, 또 책임을 지기 위해 무엇을 어떻게 했는지는 아무도 알지 못합니다. 그것은 제대로 책임을 지는 것이라고 할 수 없습니다. 책임을 다하지 않고 도망을 친 것에 불과합니다. 그들은 뉴스 인터뷰에서 '책임을 지겠다'라고 하는 것이 아니라 '도망치겠다'라고 말하는 편이 더 나았을 것입니다.

세상은 자신의 책임을 다하는 사람을 믿습니다. 그리고 그런 사람에게 세상의 운전을 맡깁니다. 서로 대우해 주고, 서로 보호하고, 서로 신뢰하는 시민사회의 운전을 책임져야 하는 당신, 통일 한국의 당당한 주인이 되어야 하는 당신, 스스로의 행동에 책임을 지는 연습을 시작하십시오.

아무도 보지 않는 곳에서도 자신의 책임을 다하는 사람을 세상은 믿고 결국은 알아봅니다. 누가 시켜서가 아니라 스스로 책임을 지는 것이 바로 자긍심과 자존심의 표현이며 그것이 곧 자기를 증명하는 것이기 때문입니다.

폴 카미유 기구Paul-Camille Guigou, 프랑스 1834~1871, 〈빨래하는 여인〉. 1860년경
Oil on canvas, 81x59cm. Musée d'Orsay, Paris

자유와 책임을 가지고
자기 자신을 존중하는 이만이
살아 숨 쉬는 자다
그러므로
자기 자신을 존중하지 않는 이는
이미 죽은 자이다

마누 법전

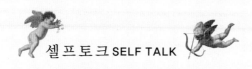

셀프토크 SELF TALK

다음 문항들을 읽고 체크해 보세요. 정답은 없습니다. 여기에서의 **O**X는 스스로에게 던지는 질문일 뿐입니다. 자기 자신에 대한 질문에는 '정답'이라는 것이 없습니다. 중요한 것은 스스로가 자신에 대해 묻고 자기 자신에 대해 얼마나 제대로 알고 있는가입니다. 이제 자기와의 대화를 천천히, 아주 천천히 나눠 보세요.

- 운동선수라면 경기 과정과는 상관없이 항상 승리해야 한다. **O**X

- 팀원으로서 기대 이상의 결과를 얻으려면 컨디션에 관계없이 항상 연습해야 한다. **O**X

- 나는 공동체에서 져야 하는 책임보다는 개인의 개성과 자유가 더 중요하다고 생각한다. **O**X

- 맡은 일을 제대로 하지 않았을 때, 나는 솔직하게 잘못을 인정하는 편이다. **O**X

- 남에게 피해를 주지 않는 선에서라면 학교 규칙은 꼭 지키지 않아도 된다. **O**X

- 나는 _____ 부분에 책임감이 강하다.

- 내가 생각하기에 책임감이란 _____ 이다. 왜냐하면 _____ 이기 때문이다.

에드가르 드가Edgar Degas, 프랑스 1834~1917, 〈창 앞의 무희 (사진작가 스튜디오의 무희)〉, 1877년경
Oil on canvas, 65x50cm. Pushkin Museum, Moscow, Russia

Box Tip

My Responsibility

나에게는 당신과의 관계에 대한 책임이 있습니다.

내가 당신을 보는 방식에도 책임이 있습니다.

당신에게 내면의 나를 보여 줄 책임이 있고

내 잘못된 이미지를 바로잡을 책임이 있습니다.

당신을 판단한 것에 대한 책임도 내게 있습니다.

나에게는 우리의 행동을 이해할 책임이 있습니다.

감수하기로 마음먹었던 당신으로부터 받은 상처들에도,

당신에게 무언가를 바라는 마음에도,

그리고 여기에서 오는 불안에도 책임이 있습니다.

내가 당신에게 느끼는 적대감에도 책임이 있습니다.

내가 책임지는 것을 선택했기 때문에,

책임을 진다는 것, 그것이 나에게 기쁨을 주기 때문에,

그것이 나를 컨트롤하기 때문에,

그것이 나를 자유롭게 하기 때문에 나에게는 책임이 있습니다.

또 그것은 나로 하여금 여유를 갖게 하기도 합니다.

나는 당신과의 관계를 책임지지 않을 것입니다.
당신이 나와 소통하는 방식도,
내가 어찌할 수 없는 일들도 책임지지 않을 것입니다.
만약 당신의 행복을 내가 책임져야 한다면,
당신이 불행할 때 나는 죄책감을 느끼게 될 것이고
내가 불행할 때는 당신에게 책임을 묻게 될 것이기 때문입니다.

나에게 책임이 있다는 것을 알 때, 비로소 나는 자유롭습니다.
혹여나 나에게 책임이 있다는 것을 모르더라도
여전히, 나에게는 책임이 있습니다.
그러니 나는 책임지는 존재라는 축복을 선택하기로 합니다.

자유와 책임의 힘을 안다는 것이 얼마나 기쁜 일인지!
책임은 사랑을 보여 주는 행동이자
한 영혼이 다른 영혼에게 보내는 축복입니다.

책임 ————

한 마음이 다른 마음에게 사랑을 표현하는 행동
한 영혼이 다른 영혼에게 보내는 아름다운 축복

앙리 루소Henri Rousseau, 프랑스 1844~1910, 〈잠자는 집시 여인〉, 1897
Oil on canvas, 129.5x200.7cm, Museum of Modern Art (MoMA), New York

나는 그레이*입니다

입은 닫고 귀만 열어 둡니다

다른 이들을 대할 때 신중하고 분별력 있는
나의 컬러는 GREY입니다.

쇼팽이 프랑스에서 활동하던 때의 일입니다. 예술계의 유명 인
사들이 모이는 성대한 연주회가 열렸습니다. 청중들은 '역시 쇼팽
이군' 하며 마치 홀린 듯 쇼팽이 연주하는 피아노 선율에 빠져들었
습니다. 연주가 끝나자 청중들은 "앙코르!"를 외쳤습니다. 그리고
쇼팽에게 불을 끄고 악보 없이 연주해 달라고 소리쳤습니다. 쇼팽
은 이렇듯 다소 무리한 청중들의 요구에도 응해 주었습니다.

---

* GREY 회색은 신중함, 차분함, 엄숙함, 안정감을 표현하며, 솔직하고 이성적이며 인내심이
  강한 성향을 상징합니다

청중들이 요청한 곡은 매우 복잡한데다 자칫하면 실수하기 십상인 까다로운 곡이었습니다. 청중들은 그 곡이 듣고 싶었던 것이 아니라, 쇼팽이 실수를 하는지 안 하는지가 보고 싶었던 것입니다. 그것은 물론 쇼팽이라는 거장에 대한 예의가 아니었습니다. 결국 쇼팽은 불이 꺼진 상태에서도 실수 없이 연주를 마쳤습니다. 청중들은 일제히 자리에서 일어나 뜨거운 박수와 환호를 보냈습니다.

연주회가 끝나고 프랑스 예술계의 유명 인사들은 쇼팽과 따로 모임을 가졌습니다. 쇼팽의 음악에 대해 좀 더 깊이 있는 토론을 하기 위해서였습니다. 참석자들은 쇼팽의 연주에 대해 찬사를 늘어놓았습니다. 쇼팽은 기분이 좋아져 어깨를 으쓱했습니다. 그때 프랑스의 소설가 메리메가 불만스런 표정을 지은 채 자리에서 일어나 말했습니다. 메리메는 쇼팽을 아주 혹독하게 비난했습니다.

"손재주만 두고 말한다면 당신은 세계 최고임에 틀림이 없소. 그러나 당신에게서는 겸손의 미덕이 전혀 보이지 않았소. 마치 엄청난 유명세와 화려한 솜씨가 어우러져 오만의 극치를 이룬 듯 보였소. 아마도 그래서일 것이오. 당신의 연주가 듣기에는 좋았으나 진정한 감동은 없었던 까닭 말이오. 나는 당신이 기교보다는 예술혼을 보여 주길 바라오."

피에르 보나르Pierre Bonnard, 프랑스 1867~1947, 〈특석〉, 1908
Oil on canvas, 91x120cm. Musée d'Orsay, Paris

쇼팽의 자존심은 사정없이 구겨졌습니다. 쇼팽의 얼굴에 분노의 빛이 서렸습니다. 그러나 쇼팽은 말없이 메리메를 향하여 머리를 숙여 보이고는 냉정하게 감정을 컨트롤했습니다. 쇼팽은 자기 자신에게 이렇게 속삭였습니다.

'지금까지 나에게 저런 식으로 말하는 사람은 아무도 없었어. 그런데 저 소설가는 아주 예리하게 나의 단점을 지적하고 있구나. 그가 하는 말 속에는 내가 배워야 할 것들이 반드시 있을 거야. 그러니 난 참아야 해. 그의 말을 귀담아들어야 해.'

쇼팽은 분노를 이기지 못하고 주먹질을 하는 대신 메리메에게 오히려 고마운 마음을 표한 것입니다. 그 후에도 쇼팽은 모든 연주회에서 피아노 앞에 앉을 때마다 메리메의 충고를 떠올리며 마음을 가다듬었다고 합니다. 그렇게 해서 쇼팽은 누구에게나 환영받는 피아노계의 일인자가 되었습니다.

화를 억제하고 잠시 생각하는 시간을 가짐으로써 쇼팽은 성급한 행동을 하지 않을 수 있었습니다. 자신의 생각만 옳다고 생각하지 않고 타인의 생각을 받아들일 수 있을 만한 여유를 남겨 두고자 애를 썼습니다.

타인을 받아들이는 만큼 나도 타인에게 받아들여집니다. 잘 받아들이는 사람, 잘 받아들여지는 사람이 글로벌 시민사회의 중심에 설 수 있습니다. 그런 사람들은 더불어 사는 삶, 안정감 있는 삶을 창조해 나갑니다. 그런 사람들이 모인 공동체가 바로 글로벌 시민 사회입니다.

자존심은
소중한 것이지만
소중한 만큼
잘 컨트롤할 수 있어야 합니다
자존심은 분노에 너무 가까이 붙어 있고
자존심은 너무 자주 분노를 촉발합니다
세상의 모든 거짓말은
인간의 부질없는
자존심에서 생겨난다고
니체는 말했습니다.
그래서 공자는
극기복례克己復禮를
늘 말했던 것입니다

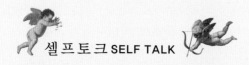

셀프토크 SELF TALK

다음 문항들을 읽고 체크해 보세요. 정답은 없습니다. 여기에서의 O X는 스스로에게 던지는 질문일 뿐입니다. 자기 자신에 대한 질문에는 '정답'이라는 것이 없습니다. 중요한 것은 스스로가 자신에 대해 묻고 자기 자신에 대해 얼마나 제대로 알고 있는가입니다. 이제 자기와의 대화를 천천히, 아주 천천히 나눠 보세요.

- 쇼팽은 청중의 무리한 요구가 있었더라도 자신의 자존심을 O X
  지키기 위해 연주를 하지 말았어야 했다.

- 음악 전문가가 아닌 메리메가 한 비평은 쇼팽이 귀담아 들을 O X
  필요가 없다.

- 메리메의 비평을 받아들인 쇼팽의 행동은 겸손했다. O X

- 기분이 상하게 하는 이야기도 경청하여 자기 것으로 만드는 O X
  사람이 지혜로운 사람이다.

- 내가 옳다고 여기는 것을 누군가에게 전할 때 나는 _____방법
  으로 전한다.

- 나는 최선을 다했는데, 그 일에 대해 누군가 충고했을 때 나는 _____
  하게 반응했다.

- 나는 _____를 통해서 지혜를 배운다.

피에르 오귀스트 르누아르Pierre-Auguste Renoir, 프랑스 1841~1919, 〈피아노 치는 여인〉, 1875
Oil on canvas, 73.5x93cm. The Art Institute of Chicago, Chicago

내가 너와 같은 건
우린 각자 화분에서
살아가지만
햇빛을 함께 맞는다는 것!

내가 너와 같은 건
우린 각자 화분에서
살아가지만
서로에게 기댄다는 것!

키비, 〈자취일기〉 가사의 일부

Lesson 03
너와 만나기

FRIEND
나에겐 친구가 있습니다

먼저 다가와서 말을 걸어 주는 친구
다르다고 멀리하지 않는 친구
누구의 말이든 옳으면 받아들이는 친구
자기에게는 엄격하고 타인에게는 관대한 친구
누구에게나 예의를 다하는 친구
간섭하지 않지만 나눌 줄은 아는 친구
팀웍을 위해 한발 물러서는 친구

배려와 존중은
연약함의 신호가 아니라
강인함의 신호다

달라이 라마Dalai Lama

친절은 억지로 억지로 되는 것이 아닙니다.
친절은 자연스러워야 합니다.
세찬 바람은 우리의 옷을 벗기지 못합니다.
오히려 따스한 햇살이 옷을 벗게 합니다.
웃음이 웃음을 부르듯 친절이 친절을 낳습니다.
친절은 내가 좋은 사람임을 드러낼 때가 아니라
상대방을 존중할 때 시작됩니다.
설령 그 사람이 나에 비해 보잘 것 없는 사람이라도.

피에르 오귀스트 르누아르Pierre-Auguste Renoir, 프랑스 1841~1919, 〈물랭 드 라 갈레트 무도회〉, 1876
Oil on canvas, 131x175cm. Musée d'Or   그림 146~147p

레옹 레르미트Léon Lhermitte, 프랑스 1844~1925, 〈수확하는 사람들의 급여〉, 1882
Oil on canvas, 215x272cm. Musée d'Orsay, Paris

먼저 다가와서 말을 걸어 주는 친구

"오늘 나와 점심을 같이 먹어 줘서 고마워"

라이언은 학교에서 거의 말이 없고 전혀 눈에 띄지 않는 학생이었습니다. 그의 가정환경은 무척 불우했습니다. 아버지는 알코올중독자라서 걸핏하면 가족들을 때리고 집안을 난장판으로 만들었습니다. 그때마다 라이언은 두려움에 떨며 벽장에 가만히 숨어 있어야했습니다. 아버지의 폭력을 알리면 아버지가 어머니를 더 심하게 때릴까 두려웠습니다. 그래서 누구에게도 말하지 못하다 보니 선생님과 학급 친구들 간에 거리를 두고 지냈습니다. 그러자 친구들도 라이언은 우울하고 재미없는 아이라며 따돌리기 시작했습니다.

어느 날 오후, 네드는 같은 반 친구 라이언이 점심시간에 혼자밥을 먹고 있는 것을 보았습니다. 라이언은 여럿이 모여 떠들고 장

난치며 점심을 먹는 친구들을 둘러보고는 한숨을 쉬며 자리에 앉아 밥을 먹었습니다. 여느 때와 다름없이 조용한 라이언이었지만, 네드는 라이언이 외로워한다는 것을 알 수 있었습니다. 네드는 라이언에게 다가가 함께 밥을 먹어도 되겠냐고 물었습니다. 자신에게 말을 걸어 오는 네드를 보며 라이언은 깜짝 놀랐습니다. 라이언은 조용히 고개를 끄덕였습니다. 라이언이 후에 밝히길, 누군가가 자신과 식사하고 싶어 한다는 사실에 너무 놀라 그날 하루 종일 네드에 대한 생각만 했다고 합니다.

네드의 친절에 어떻게 감사를 표하면 좋을지 라이언은 고민했습니다. 그때 복도에서 게시판을 발견했습니다. 라이언은 좋은 생각이 났다는 듯 바닥에 떨어진 종이를 집어 하트 모양으로 찢었습니다. 하트 모양 종이 위에 두근거리는 마음으로 이렇게 썼습니다.

'네드, 오늘 나와 점심을 같이 먹어 줘서 고마워. 정말 즐거웠어.'

그리고 그것을 게시판에 붙였습니다.

다음 날, 학생들 중 누군가가 라이언의 쪽지를 읽었습니다. 그 학생은 라이언의 쪽지를 보고 용기를 얻었습니다. 평소에 고마움을 전하고 싶었던 친구에게 '고맙다'라는 말을 쪽지에 쓴 뒤 게시판에 붙였습니다. 그리고 또 다른 학생이 그것을 보고 다른 누군가에게 감사의 메시지를 전달하고, 또 누군가 그것을 보고 감사의 메시지를 전달하고……. 그렇게 반복하는 동안 400개가 넘는 종이 하트가 게시판과 복도를 가득 메웠습니다. 그 어떤 것보다 아름답고 감동적인 장면이었습니다.

라이언이 자기 나름의 방법으로 네드에게 감사를 표한 것은 이렇듯 놀라운 일로 이어진 것입니다. 결국 라이언을 멀리하던 모든 학생들은 '친구를 외면하는 행동은 집단이기주의와 같은 몰인정한 행동이다'라는 것을 아주 자연스럽게 깨우친 것입니다. 친구의 외로움을 헤아려 먼저 다가간 네드의 마음, 우리는 그런 마음을 '배려'라고 부릅니다. 네드는 라이언과 어울리면 자신도 덩달아 따돌림을 당할지도 모른다고 생각했을 것입니다. 그러나 네드는 용기 있게 나서서 라이언을 배려하는 마음을 보여 주었습니다.

이렇듯 어디에서든 따뜻한 배려를 베풀게 하는 것이, 바로 아름다운 세상을 만들 수 있는 소중한 마음입니다.

작은 친절과 사소한 배려가
상대의 마음을 열게 합니다
내 마음과 그의 마음을 만나게 합니다
그리하여 작은 친절은 세상을 바꿉니다

명상과 반성을 침묵의 세계라고 한다면
소음으로 가득한 이 세상 속에서
침묵의 세계란,
얼마나 아름다운가
친절과 배려를 사랑의 표현이라고 한다면
거칠고 난폭한 이 세상 속에서
예상치 못했던 사랑의 표현이란,
얼마나 아름답고 놀라운 일인가

사랑은 주머니 속에 감추어 둔
송곳 같아 꼭 드러나는 것
그래요,
표현하지 않는 사랑은
어쩌면 사랑 없음의 또다른 모습일 뿐
그래요,
구름을 비집고 쏟아지는 연둣빛 봄 햇살처럼
표현하는 사랑
뜻밖의 친절과 배려만이
순결하고 아름다운 진짜 사랑

먼저 다가가 말을 거는 것
아주 사소한, 커다란 사랑

피에르 오귀스트 르누아르Pierre-Auguste Renoir, 프랑스 1841~1919, 〈그네〉, 1876
Oil on canvas, 92x73cm. Musée d'Orsay, Paris

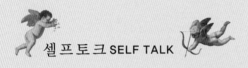

셀프토크 SELF TALK

다음 문항들을 읽고 체크해 보세요. 정답은 없습니다. 여기에서의 **O** **X** 는 스스로에게 던지는 질문일 뿐입니다. 자기 자신에 대한 질문에는 '정답'이라는 것이 없습니다. 중요한 것은 스스로가 자신에 대해 묻고 자기 자신에 대해 얼마나 제대로 알고 있는가입니다. 이제 자기와의 대화를 천천히, 아주 천천히 나눠 보세요.

🔹 외톨이로 지내는 것은 라이언 본인의 책임이 크다. **O** **X**

🔹 네드의 행동은 용기 있었지만 다른 친구들이 자신을 따돌릴 **O** **X**
   것까지 염두에 두어야 했다.

🔹 어려움에 빠진 학생들이나 외톨이인 학생들의 문제와 고민 **O** **X**
   을 학교가 해결해 주어야 한다.

🔹 사회에서는 경쟁해서 살아남아야 하는데, 약자를 보고 불쌍 **O** **X**
   히 여기는 마음은 현실성이 떨어진다.

🔹 도움을 받은 경우 중 가장 기억에 남는 것은 ＿＿＿＿＿이었다.

🔹 학급에서 외톨이로 지내는 친구에게 내가 할 수 있는 일인 ＿＿＿＿
   을 할 것이다.

🔹 내가 만약 친구들에게 따돌림을 당한다면 ＿＿＿＿＿ 느낌일 것이다.

다르다고 멀리하지 않는 친구

"겉으로 보이는 건 중요하지 않아,
어떤 마음을 가졌는지가 중요해."

새 학기가 시작되었습니다. 초등학교 2학년인 중혁이네 교실은 아이들의 장난으로 온통 떠들썩합니다. 교실 문이 드르륵 열렸습니다. 선생님이었습니다. 선생님이 어떤 아이의 손을 잡고 나란히 교실로 들어섰습니다. 처음 보는 아이였습니다. 교실은 금세 조용해졌습니다. 아이들의 시선은 처음 보는 아이에게 집중되었습니다. 까무잡잡한 얼굴에 깊게 패인 쌍커풀, 기다란 속눈썹을 가진 여자아이였습니다. 얼핏 보아도 같은 반 아이들과는 많이 달랐습니다. 아이들은 눈을 둥그렇게 뜨고 그 아이를 바라보고만 있었습니다.

"여러분, 오늘 새로 전학 온 친구 블랑카를 소개할게요. 방글라데시라는 먼 나라에서 왔어요. 한국에서 교육을 받고 싶어서 가족들이 모두 우리나라로 왔다고 해요. 이곳이 낯설 텐데 잘 적응할 수 있도록 여러분이 도와주면서 친하게 지내길 바라요."

"네!" 하고 아이들은 큰 소리로 대답했습니다.

블랑카와 중혁이는 근처에 살아서 등교길에서 자주 마주치곤 했습니다. 하지만 중혁이는 블랑카에게 아는 척하지 않았습니다. 중혁이는 수줍음이 무척 많은 아이였기 때문입니다.

"넌 외국인이잖아! 우리 그네를 탈 수 없어!"

중혁이는 지난 번 교실에서 동준이가 블랑카를 놀렸던 것을 떠올렸습니다.

"블랑카 얘는 눈이 왕방울만 해서 날아다니는 파리가 집인 줄 알고 들어가겠다!"

그때 아이들은 모두 큰 소리로 웃었습니다.

지난 수요일, 점심시간에는 이런 일도 있었습니다. 담임 선생님이 반 아이들 앞에서 이렇게 물었습니다.

"오늘 블랑카랑 점심 먹을 사람?"

아이들은 모두 꿀 먹은 벙어리가 되었습니다. 아이들은 서로의 얼굴을 바라보기만 할 뿐이었습니다. 아무도 선뜻 나서지 않자, 할 수 없이 그날은 담임 선생님이 블랑카와 함께 점심을 먹었습니다.

새 학기가 시작된 지 2주일이 지나고 있었습니다. 아이들은 반 아이들과 많이 친해져 있었고, 교실은 언제나 아이들의 재잘거림으로 가득했습니다. 그러나 블랑카만은 항상 혼자였습니다. 혼자서 학교를 오갔고, 쉬는 시간에는 운동장 한 켠의 모래밭에서 혼자 놀았습니다. 점심도 혼자 먹었습니다.

그러던 어느 날이었습니다. 담임 선생님이 아주 특별한 사람을 초대했다며 칠판에 커다랗게 글씨를 썼습니다.

'안젤리나 킴'

빛나는 눈과 다부진 몸을 하고 있던 안젤리나 킴은 피겨 스케이팅 선수였다고 했습니다. 게다가 올림픽 때 미국의 국가대표 선수였다고 했습니다. 아이들과 인사를 나눈 안젤리나 킴은 자신이 살아온 이야기를 진지한 어조로 들려 주었습니다.

"나는 다섯 살 때 미국으로 건너갔어요. 어렸을 때는 영어를 할 줄 몰랐기 때문에 친구 사귀기가 무척 어려웠지요. 그러다가 어느 날 옆집에 사는 여자아이, 낸시가 날 집으로 초대해 줬어요. 우리는 아주 특별한 친구가 되었어요."

안젤리나 킴은 소중한 친구를 만나는 것이 얼마나 중요한지에 대해 이야기를 이어 나갔습니다. 올림픽에 출전하기까지 얼마나 고된 훈련을 거듭했는지에 대해서도 이야기했습니다.

"나는 몸집도 다른 사람들보다 작았고, 피부색도 달랐고 다른 아이들과 달리 눈동자가 검었지요. 하지만 생긴 것이나 말하는 것이 좀 다르다고 해서 나를 이상하게 바라보는 사람은 아무도 없었어요. 학교에서 따돌림당한 적도 없고요. 학교 선생님께서는 겉으로 보이는 것은 중요하지 않다고, 중요한 것은 오히려 보이지 않는 것이라고 하셨어요. 그 사람이 어떤 마음을 가졌는가 하는, 그런 것 말이에요. 그 선생님 덕분일지도 몰라요. 제가 별다른 걱정 없이 운동에 열중할 수 있었던 건요. 아마 그래서 올림픽에도 출전할 수 있었던 거겠죠?"

안젤리나 킴이 이야기를 마치자 아이들은 박수를 쳤습니다. 박수 소리는 좀처럼 멈출 줄 몰랐습니다. 안젤리나 킴에게 사인을 부탁하는 아이도 있었을 정도였습니다.

안젤리나 킴이 돌아가고 나자, 담임 선생님은 아이들에게 안젤리나 킴의 이야기를 듣고 무엇을 배웠는지, 또 배운 것을 우리 학급에 어떻게 적용할 수 있을지를 물으셨습니다. 세홍이가 손을 번쩍 들었습니다.

"자기가 원하는 것을 얻기 위해서 아주 아주 열심히 노력해야 한

폴 시냐크Paul Signac, 프랑스 1863~1935, 〈우물가의 여인들〉, 1892
Oil on canvas, 195x131cm. Musée d'Orsay, Paris

세상에서 가장 중요한 일은 마음을 나누는 것입니다

정말로 진정한 부富는 인간관계 – 우정과 사랑 – 의 풍요로움뿐이다
어린 왕자는 말했다,
중요한 것은 눈에 보이지 않는다고. 마음으로 보아야 한다고

생텍쥐페리|Antoine de Saint-Exupéry

다는 걸 배웠어요!"

담임 선생님이 고개를 끄덕이셨습니다.

"또 얘기해 볼 사람?" 선생님이 다시 물으셨습니다. 그러자 성진이가 이렇게 대답했습니다.

"선생님, 저는 친구를 사귀는 것이 아주 중요하다는 것을 알게 되었어요. 아이들과 조금 다르다는 이유로 친구가 없는 사람에게는 특히나 중요한 일이죠."

아이들은 그날 안젤리나 킴에 대한 이야기만 했습니다. 수업이 모두 끝나고 담임 선생님이 이렇게 물었습니다.

"오늘 블랑카랑 같이 집에 갈 사람?"

중혁이를 비롯한 아이들이 여기저기서 손을 번쩍 들었습니다. 블랑카와 아이들은 빙그레 웃으며 서로를 바라보았습니다.

우주의 질서는
획일성의 질서가 아니라
다양성의 질서입니다

차이가 차별이 되어서는 안 됩니다

북극성이 북두칠성과 함께이듯
수많은 개성들은 별처럼
따로 따로 그러나 함께,
저마다의 빛으로 빛나면서
우주의 합창을 부릅니다

서로 다른 개성이
각각의 개성으로
그러나 모두 함께
어우러진 세상이

획일성이 아닌 다양성이
닫힌 질서와 명령이 아닌
열린 질서와 자유가

우리에게 기쁨과 행복을 줍니다

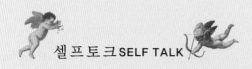

셀프토크 SELF TALK

다음 문항들을 읽고 체크해 보세요. 정답은 없습니다. 여기에서의 **O** **X** 는 스스로에게 던지는 질문일 뿐입니다. 자기 자신에 대한 질문에는 '정답'이라는 것이 없습니다. 중요한 것은 스스로가 자신에 대해 묻고 자기 자신에 대해 얼마나 제대로 알고 있는가입니다. 이제 자기와의 대화를 천천히, 아주 천천히 나눠 보세요.

▨ 생김새도 다른 데다 서로 다른 문화를 가지고 있는 사람과 가 **O** **X**
까이 하는 것은 나에게는 어려운 일이다. 나는 나와 다른 것을
그다지 좋아하지 않는다.

▨ 글로벌 시대는 이미 도래했고, 종교나 피부색으로 사람을 비 **O** **X**
교하는 것은 이제 시대에 뒤처진 일이다. 나는 친구의 인품과
교양을 먼저 본다. 친구가 어떤 피부색을 가졌는지에 대해서
는 신경을 쓰지 않는다.

▨ 외국인과 만났을 때 언어적으로 소통이 되지 않으면 내가 외 **O** **X**
국어를 못하는 것이 아니라, 외국인이 한국어를 못하는 것이라
고 생각한다. 그래서 외국인에게 말을 할 때는 천천히 말한다.

▨ 피부, 머리, 눈동자의 색이 다른 사람은 어쩐지 두뇌, 심장, 허 **O** **X**
파, 혈액의 모양과 색깔도 다를 것만 같다. 그러면 생각도 아
주 많이 다를 것 같다. 그래서 생김새가 다른 사람과 친구가
되는 것은 어려울 것이다.

▨ 생각이나 사용하는 언어 등이 나와 다른 사람을 보면 옳지 않 **O** **X**
다고 생각한다.

싸우다가도 금방 사이좋게 지내는 어린아이처럼
지혜는 우리를 어린아이가 되라고 한다

메리 카사트Mary Cassatt, 미국 1844~1926, 〈해변의 두 아이〉, 1884
Oil on canvas, 74.2x97.4cm. National Gallery of Art, Washington

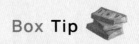

Box Tip

나랑 비슷해

아빠에게 말했다.

학교에 어떤 아이가 새로 왔어요.

그애는 나랑 다르고 멋지지도 않아요.

그리고 저랑 비슷한 구석이 전혀 없어요.

정말 전혀요.

달릴 때도 진짜 웃기게 달려요.

그리고 절대 일등을 하는 법이 없어요.

가끔 보면 여기가 어딘지도 모르는 것 같아요.

저랑 비슷한 구석이 전혀 없어요,

전혀 없어요.

수업도 다른 반에서 받아요.

특수반에서요.

가끔 그 애가 뭘 말하는지도 모르겠어요.

저랑 비슷하지가 않아요.

전혀요, 전혀요.

점심 먹을 때 그 애가 즐거워하는 걸 알아요.

핫도그나 아이스크림이나 감자튀김도 좋아하는 걸 알고요.

시금치는 싫어하던데…… 그건 이해가 가요.

그래도 저랑 엄청 다르지는 않네요.

맞아요, 전부 다르지는 않은 것 같아요.

항상 다정하고 인사도 해요.

손을 흔들면서 제 이름을 불러 줘요.

친구들을 좋아하고 같이 놀고 싶어하고요.

그건 저랑 별로 다르지 않은 것 같아요.

네, 별로 다르지 않아요.

가족들이 정말 그 애를 사랑하더라구요.

학교에서 봤어요.

오픈스쿨 날 밤이었어요.

그들이 자랑스러워 하면서 그 애를 꽉 껴안고 있었어요.

얼굴에 미소를 머금고서 말예요.

그것도 저랑 다르지는 않네요.

별로 다르지 않아요.

그래서 말인데요 아빠,

새로 온 애 있잖아요.

많이 생각해 보니까

어떤 건 다르지만, 또 어떤 건 안 그런 것 같아요……

대부분 저랑 정말 비슷하네요?

그래요, 저의 새 친구는요……

저랑 많이 비슷한 것 같아요.

에밀리 킹슬리 Emily Kingsley

누구의 말이든
옳으면 받아들이는 친구

최고의 장군이 여우 사냥에 실패한 이유

웰링턴 장군이 휘하의 군사들과 여우 사냥을 나갔습니다. 웰링턴 장군은 나폴레옹의 군대를 워털루 전투에서 크게 물리쳐 세계에 이름을 떨쳤던 장군입니다. 숲 가까이에는 여기저기 농가도 보였습니다. 웰링턴은 부하들을 여러 군데 배치해 놓고 이렇게 지시를 내렸습니다.

"여우가 나타나면 즉시 달려와 보고하게!"

잠시 후, 망을 보던 부하가 뛰어오더니 헐떡이며 이렇게 보고했습니다.

"장군님, 저쪽입니다. 여우가 나타났습니다."

"어느 쪽인가?"

"방금 저쪽 바위 뒤에 숨었습니다!"

"알았다. 모두들 나를 따라오라."

웰링턴은 여우가 숨은 바위 뒤편을 향해 쏜살같이 말을 몰았습니다. 웰링턴을 본 여우는 도망치기 시작했습니다. 죽기 살기로 도망치다 결국 궁지에 몰린 여우는 가까운 농부의 집으로 들어가 뒷마당에 숨었습니다. 그 집은 담이 유난히 높았습니다. 웰링턴도 농부의 대문 앞에 도착했습니다. 그는 주먹으로 대문을 쾅쾅 두드리며 소리쳤습니다. 날아가는 새도 떨어트릴 정도로 최고의 장군이었기 때문에 문을 열지 않았다간 불상사라도 생길 것만 같은 분위기였습니다.

"문을 열어라! 급한 일이다."

"누구세요?"

문 안쪽에서 어린 소년의 목소리가 들려왔습니다.

"이야기는 나중에 할 테니 우선 문부터 열어라."

"안 됩니다. 누군지 밝히지도 않는 낯선 사람에겐 문을 열어 줄 수가 없어요."

"난 웰링턴 장군이다."

"장군님이 우리 집에 어쩐 일이시죠?"

누군가가 당신의 의견을 거스르는 말을 한다면, 당신은 칼을 뽑는가? 귀를 기울이는가?

고대 로마 역사가 플루타르크Plutarch에 따르면, 마케도니아 왕국의 왕위 계승에 대한 논쟁 중에 화가 난 아버지 필립Phillp 왕은 갑자기 칼을 들어 그의 아들 알렉산더Alexander를 해치려 하였다. 그러나 놀란 신하들이 말려, 자신의 분노를 참았다. 알렉산더에게 왕위를 물려주었다. 왕이 된 알렉산더는 인류 역사상 최대의 세계 국가를 만들었다.

도나토 크레티Donato Creti, 이탈리아 1671~1749, 〈아버지 필립 왕에게 위협받는 알렉산더 대왕〉 1700~1705
Oil on canvas, 129.7x97cm. National Gallery of Art, Washington

"여우가 이 집으로 들어갔다. 난 그놈을 잡으려던 중이다."

"그렇다면 더더욱 문을 열면 안 되겠네요?"

"뭐……?"

"전 장군님의 부하도 아닌 걸요. 아무튼 안 돼요."

"흠, 왜 안 된다는 건지 들려줄 수 있겠나?"

"우리 아버지는 사냥이나 하고 노는 사람들 때문에 이렇게 담을 높이 쌓았거든요. 그런데 장군님 같은 유명하신 분이 남의 집을 사냥터로 만들려고 하시다니, 전 어쩌죠? 장군님 말을 들어야 할까요, 아니면 우리 아버지 말을 들어야 할까요? 장군님! 전 아무래도 문을 열 수 없겠는데요."

"그래, 자세히 듣고 보니 자네 말이 옳다. 내가 잘못 생각했다. 미안하구나. 그리고…… 고맙구나. 잘 있거라."

다시 발길을 돌리며 웰링턴은 부하들에게 말했습니다.

"오늘 나는 여우를 놓쳤다. 그렇지만 저 꼬마 덕분에 아주 중요한 것을 알게 되어 기분이 무척 좋구나. 자, 가자!"

웰링턴은 말고삐를 바짝 쥐며 채찍을 높이 들었습니다.

서로 마주 보며 이야기를 한다고 해서 전부 대화는 아닙니다. 대화는 상대방이 생각하는 것을 듣고 받아들인 뒤, 상대방도 내 생각을 받아들일 수 있도록 노력하는 것입니다. 소년이 하는 말이 타당하다는 생각이 들자 웰링턴은 순순히 그 말을 받아들였습니다. 웰링턴은 상대가 옳은 이야기를 하면 자신의 잘못을 인정하는 태도를 보여 주었습니다. 한편 소년은 최고의 장군 앞에서도 주눅들지 않고 자기의 생각을 말했습니다. 서로 존중하며 우정을 쌓아 가려면, 이러한 대화가 가능해야 할 것입니다.

지위, 외모, 권력 등의 높고 낮음을 넘어서
나이나 가진 돈의 많고 적음을 넘어서
사람이 서로 존중한다는 것은,
사람이 얼마나 약한 존재인지
얼마나 작고 불쌍한 존재인지를 이해하며
연민의 마음으로
서로를 환대하는 것으로부터 시작한다

그러니 누가 누구를 주눅들게 할 것이며,
누가 누구에게 주눅들 것인가

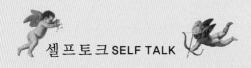

셀프토크 SELF TALK

다음 문항들을 읽고 체크해 보세요. 정답은 없습니다. 여기에서의 O X 는 스스로에게 던지는 질문일 뿐입니다. 자기 자신에 대한 질문에는 '정답'이라는 것이 없습니다. 중요한 것은 스스로가 자신에 대해 묻고 자기 자신에 대해 얼마나 제대로 알고 있는가입니다. 이제 자기와의 대화를 천천히, 아주 천천히 나눠 보세요.

■ 아무리 장군이더라도 신분을 밝히지 않고 남의 집에 함부로 O X 들어가거나 사적인 요구를 해서는 안 된다.

■ 자신의 권위나 체면을 앞세우지 않는 태도는 진정한 지도자 O X 의 모습이다.

■ 사회가 원활하게 움직이게 하려면 소통보다 명령과 순종이 O X 더 필요하다.

■ 상황의 옳고 그름을 따지기보다는, 상대방의 신분에 따라 대 O X 우를 다르게 하는 것이 현실이다.

■ 상대방과 대화를 하다가 나의 잘못을 깨닫게 된다면 나는 _____ 대처한다.

■ 한국 사회에서 소통이 가장 필요한 곳은 _____ 왜냐하면 _____ 이기 때문이다.

■ 소통에서 가장 중요한 것은 _____ 이다.

자기에게는 엄격하고 타인에게는 관대한 친구

가짜 제자를 진짜 제자로 만들어 낸 배려
피아노의 달인을 넘어선 인생의 달인 '리스트'

조용하기만 하던 아담한 시골 마을이 떠들썩해졌습니다. 극장 주변에 모여 드는 사람들로 마을 광장은 터져 나갈 것만 같았습니다. 며칠 후 극장에서 피아노 연주회가 열릴 예정이었습니다. 이번 연주회는 한 여류 피아니스트가 주최하는 것이었는데, 그녀는 유명 피아니스트인 리스트의 제자라고 알려져 있었습니다. 사람들은 이번 기회에 시골 마을에서는 결코 접할 수 없을 훌륭한 연주를 들을 수 있겠다며 잔뜩 들떠 있었습니다.

한편 리스트는 여행을 하던 중 우연히 이 마을에 들르게 되었습니다. 사람들 틈에서 자신의 이름이 거론되는 것을 들은 리스트는 연주회에 대해 궁금해졌습니다. 그는 곧 마을 곳곳에 붙어 있는 연주회 포스터를 발견할 수 있었습니다. 포스터에 적힌 여류 피아니스트의 이름을 가만히 들여다보던 리스트는 '분명 내 제자라고 했는데 이 사람이 누군지 도무지 생각이 나질 않는군.' 하며 고개를 갸웃거렸습니다. 호텔에 도착한 리스트는 체크인을 하기 위해 카운터에 자신의 이름을 댔습니다. 그러자 종업원들이 화들짝 놀라며 제자의 연주회를 보려고 이곳까지 오다니 정말 다정한 스승이라고 했습니다. 그저 여행을 하고 있을 뿐이었던 리스트는 조금 무안해졌습니다.

리스트가 마을에 왔다는 소문은 순식간에 퍼졌습니다. 마을 사람들은 잔뜩 흥분했습니다.

"어머머, 그 유명하신 분이 이런 촌구석에 오셨다는 거야?"

"제자라는 사람이 대단하긴 한가 봐!"

"덕분에 리스트라는 작자 얼굴 한번 보게 생겼군?"

리스트가 마을에 온 것을 기뻐하지 않는 이는 단 한 명뿐이었습니다. 그것은 바로 연주회를 여는 당사자, 여류 피아니스트였습니다. 마을 사람들이 리스트의 이야기를 할수록, 기대하고 기뻐할수록 그녀는 괴로웠습니다. 사실 그녀는 리스트의 제자가 아니었습니다. 리스트와는 서로 만나 본 적도 없거니와, 얼굴을 본 적조차 없었습니다. 그녀는 리스트의 명성을 이용하면 성공할 수 있을 것이라고 생각해, 자신이 리스트의 제자라는 소문을 퍼트렸던 것입니다. 그녀는 고민했습니다. '이대로 도망칠까? 리스트를 찾아가서 사실대로 말하고 용서를 구할까?' 고민하던 끝에 그녀는 리스트를 만나 사실대로 털어놓기로 마음먹었습니다. 그 뒤에 따르는 결과가 무엇이든 달게 받을 각오를 하고 있었습니다.

리스트가 묵고 있는 호텔 앞에 그녀는 서 있었습니다. 그녀는 온몸이 부들부들 떨리는 것을 느꼈습니다. 크게 심호흡을 몇 번 한 뒤 리스트의 방 앞에 서서 문을 두드렸습니다.

"누구시죠?" 문을 열며 리스트가 말했습니다.

"선생님, 죽을 죄를 지었습니다! 저를 벌해 주세요!" 그녀가 다짜고짜 울먹이며 말했습니다.

"벌? 무슨 말씀이시죠?" 오히려 리스트가 당황하며 반문했습니다.

"선생님! 저는 내일 피아노 연주회를 할 예정입니다. 저는 여태까지 선생님의 제자라고 거짓말을 하고 다녔습니다. 아시다시피 전혀 사실이 아닌데도 말이죠! 제가 너무나 큰 거짓말을 했다는 것을 잘 압니다. 저는 어려서부터 피아노가 정말 좋았고…… 피아노 없이는 살 수 없습니다. 그만큼 정말 열심히 피아노만 쳤고요! 그렇지만 저같이 아무것도 내세울 것 없는 사람이 연주회를 해 봤자, 누가 보러 오겠습니까. 이건 열심히만 한다고 되는 게 아니라고요! 그래서…… 그래서 저는 선생님이 오지 않으실 법한 시골 마을만 돌아다니며 선생님의 제자라고 거짓말을 하고 다녔던 겁니다. 그런데 이상하게도 말이죠, 그때부터 사람들이 저를 보는 눈빛이 달라졌어요. 리스트의 제자라고만 하면 저를 대단한 사람처럼 보더란 말입니다. 그래서 저는 이 마을에서도 똑같은 거짓말을 했습니다. 정말 비겁한 짓이라는 걸 알고 있습니다. 용서해 주세요. 나쁜 마음을 먹고 그랬던 것은 절대 아니었어요……."

그녀는 고개를 푹 숙인 채 울먹였습니다. 리스트는 차분하고 부드러운 목소리로 이렇게 말했습니다.

"너무 걱정하지 말고, 가장 잘 치는 곡으로 한번 연주해 보시오."

리스트는 그녀를 피아노 앞에 앉게 했습니다. 리스트가 자신을 따뜻하게 대해 주니, 그녀는 가까스로 겁에 질렸던 마음을 추스리고 건반 위에 손을 올려놓았습니다. 그리고는 자신이 가장 좋아하는 곡을 연주했습니다. 그녀의 연주가 끝나고 리스트는 몇 가지 부족한 부분들을 지적해 주었습니다. 리스트는 그녀가 부족한 부분이 나아질 수 있도록 자세하게 설명해 주었고 계속해서 피아노를 치게

신약성서에 나오는 '탕자의 귀환'이야기는 재산을 탕진하고 돌아온 둘째 아들을 기꺼이 다시 받아 주는 아버지의 이야기다. 첫째 아들이 재산을 탕진하고 온 둘째 아들을 왜 받아 주느냐고 따져 묻자, 아버지는 둘째 아들이 다시 돌아온 것이 즐겁고 기뻐서라고 대답한다. 이 이야기는 관대함이란 무엇인가를 아주 쉽고도 확실하게 보여 준다.

"애 너는 항상 나와 함께 있으니
내 것이 다 네 것이로되
이 네 동생은 죽었다가 살아났으며
내가 잃었다가 얻었기로
우리가 즐거워하고 기뻐하는 것이 마땅하다"

누가복음 15장 31–32절

바르톨로메 에스테반 무리요Bartolomé Esteban Murillo, 스페인 1617~1682, 〈탕자의 귀환〉, 1667~1670
Oil on canvas, 236×262cm. National Gallery of Art, Washington

했습니다. 레슨이 끝나자 리스트가 말했습니다.

"이제 당신은 리스트의 제자요. 성공적인 연주회를 하길 바라오."

그녀의 연주회는 예정대로 열렸습니다. 사람들의 예상을 훨씬 뛰어넘는 연주로 그녀는 뜨거운 박수를 받았습니다. 리스트는 객석에 앉아 만족스러운 미소를 짓고 있었습니다.

리스트는 진정한 배려가 무엇인지 행동으로 보여 주었습니다. 리스트의 배려는 가짜 제자를 진짜 제자로 만들어 냈습니다. 아무래도 리스트는 피아노의 달인을 넘어선 인생의 달인이라고 해도 될 것 같습니다. 진정한 배려는 받는 사람보다 베푸는 사람을 더 기쁘게 합니다. 날카로운 말보다 부드러운 말이 오히려 마음 깊숙이 파고들 수 있습니다. 다른 사람을 배려하는 것은 손해가 아닙니다. 오히려 내 마음을 넓게 만들고 나를 작은 일에 화내지 않는 성숙한 사람으로 만들어 줍니다.

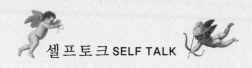

셀프토크 SELF TALK

다음 문항들을 읽고 체크해 보세요. 정답은 없습니다. 여기에서의 **O** X 는 스스로에게 던지는 질문일 뿐입니다. 자기 자신에 대한 질문에는 '정답'이라는 것이 없습니다. 중요한 것은 스스로가 자신에 대해 묻고 자기 자신에 대해 얼마나 제대로 알고 있는가입니다. 이제 자기와의 대화를 천천히, 아주 천천히 나눠 보세요.

▣ 리스트를 존경하는 마음이 진심이라면 리스트의 제자라고 **O** X 거짓말한 것은 크게 문제가 되지 않는다.

▣ 가짜 제자는 리스트의 이름을 앞세우기 전에 우선 자신의 실 **O** X 력으로 인정을 받아야 했다.

▣ 리스트는 여류 피아니스트의 연주회가 시작되기 전에 그동 **O** X 안의 사실들을 청중에게 알렸어야 했다.

▣ 레슨은 해 주더라도 리스트의 제자라고 거짓말한 것에 대해 **O** X 서는 책임을 물었어야 했다.

▣ 인간은 불완전하기에 다른 사람의 실수를 덮어 주어야 한다. **O** X

▣ 내 험담을 하고 다니는 친구에게 나는 ....할 것이다.

▣ 용서를 받았던 경우 중 가장 기억에 남는 것은 ....이다.

누구에게나 예의를 다하는 친구

사소함이 바꾸어 놓은 인생의 큰 방향

미국의 제25대 대통령 윌리엄 매킨리William McKinley는 1898년에 발발한 미국과 스페인 사이의 전쟁에서 미국을 승리로 이끈 주인공입니다.

매킨리가 처음 대통령에 당선되었을 때 그는 내각을 구성하기 위해 무척 고심을 했습니다. 왜냐하면 자신의 당선을 위해 너나없이 노력해 준 두 공로자 친구들 중 한 사람만 선택해 국무장관직을 맡겨야 했기 때문입니다. 둘의 실력은 우열을 가릴 수 없었고, 둘 다 매킨리의 오랜 친구였습니다. 매킨리는 세 사람이 함께 지냈던 날들을 되돌아보았습니다. 그러다 그는 과거에 있었던 사건 하나를 생각해 냈습니다.

비바람이 사납게 휘몰아치던 어느 저녁의 일이었습니다. 매킨리는 두 친구와 전차를 탔습니다. 빈자리가 별로 없어서 그들은 따로 흩어져 앉았습니다. 나이가 많은 세탁부 아주머니가 무거워 보이는 빨래 바구니를 머리에 이고 전차를 탔습니다. 초라한 행색의 아주머니에게 아무도 자리를 양보해 주지 않았습니다.

두 친구 중 한 명이 아주머니의 가까이에 앉아 있었지만, 그는 신문을 보는 척하며 부인을 외면했습니다. 보다 못한 매킨리는 아주머니에게 다가가 바구니를 들어 주고 자리를 양보했습니다.

매킨리는 이날의 일을 떠올리고는 둘 중 누구에게 국무장관직을 맡길지 결정할 수 있었습니다. 아주머니에게 자리를 양보하지 않은 채 신문을 보는 척했던 그 친구는 결국 국무장관직을 얻지 못했습니다. 자신이 그토록 꿈꾸었던 자리에 왜 임명되지 못했는지, 그는 죽을 때까지 알 수 없었을 것입니다. 곤경에 처한 사람을 배려하는 것, 행색이 초라해 보이는 사람에게도 예외 없이 예의 있게 행동하는 것은 하고자 한다고 해서 할 수 있는 일이 결코 아닙니다. 그것은 인품에서 자연스레 묻어 나오는 것입니다.

원대한 비전을 추구하고 있다면, 그 비전을 현실로 이루고야 말겠다는 결의로 가득 차 있다면, 우리는 우선 인품을 길러야 합니다.

사소한 일에도 최선을 다하는 것, 누구에게나 예의 있게 행동하는
것은 우리의 비전을 현실로 만들어 줄 것입니다.

모든 예의에
인품이 반영되어 있는 것은 아닙니다.
그러나 모든 인품은
반드시 예의로 표현됩니다.

두 여자를 대하는 남자의 태도가
어떻게 다른지를 보세요

예의를 차리는 것이 지나칠 때,
그것은 때로 가식으로 느껴지지만
자기의 이익을 차리거나
자랑하기 위해서가 아니라,
상대방의 마음을 배려하여
모두에게 예의를 다하는 사람은
신뢰할 만한 친구라 할 수 있습니다.

피에르 오귀스트 르누아르Pierre-Auguste Renoir, 프랑스 1841~1919 (좌)〈시골의 무도회〉 (우)〈도시의 무도회〉, 1883
Oil on canvas, 180x90cm Musée d'Orsay, Paris

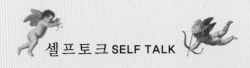
셀프토크 SELF TALK

다음 문항들을 읽고 체크해 보세요. 정답은 없습니다. 여기에서의 ⭕❌는 스스로에게 던지는 질문일 뿐입니다. 자기 자신에 대한 질문에는 '정답'이라는 것이 없습니다. 중요한 것은 스스로가 자신에 대해 묻고 자기 자신에 대해 얼마나 제대로 알고 있는가입니다. 이제 자기와의 대화를 천천히, 아주 천천히 나눠 보세요.

◼ 아무리 목표 의식을 강화한다 해도 근본적으로 인품이 갖춰 ⭕❌
져 있지 않으면 비전을 성취하기 어렵다.

◼ 인품으로부터 배어 나오는 행동은 좀처럼 교정하기 어려우므 ⭕❌
로, 각자 자신의 인품에 걸맞은 비전을 추구하는 것이 좋다.

◼ 사소한 사건을 문제 삼아 필요한 인재를 등용하지 않는 것은 ⭕❌
업무의 효율성과 실리를 추구하는 요즘 세상에 맞지 않는 처
사다.

◼ 인품에서 배어 나오는 행동 때문에 내가 장관 자리를 놓치게 된다면
그것은 아마도 _____하는 성미 때문일 것이다.

◼ 전철이나 버스를 탔는데 노약자석이나 임산부석이 비어 있다면 나는
_____할 것이다.

◼ 인품은 부족하지만 실력이 뛰어난 사람과 인품은 뛰어나지만 실력이
부족한 사람 중에 내가 사장이라면 나는 _____를 선택할 것이다.
왜냐하면 _____이기 때문이다.

◼ 내가 버려야 할 자기 중심적인 모습은 _____이다.

간섭하지 않지만 나눌 줄은 아는 친구
냉정하면서도 따뜻한 개인주의

어느 추운 날, 토끼인 '올드맨'은 작고 따뜻한 집 안에서 순무를 먹고 있었습니다. 올드맨은 열심히 운동하고 몸을 따뜻하게 해서 추위를 이겨 내고 있었습니다. 더 추워지기 전에 먹을 것을 저장해 야겠다고 생각한 올드맨은 큰 자루를 가지고 농부 드와이어의 옥수수밭으로 갔습니다.

그곳에서 올드맨은 알이 찬 옥수수 세 개를 발견했습니다. 순무와 홍당무, 사과도 발견했습니다.

"오늘은 많이 담았군!"

올드맨은 곳간으로 들어가 미리 저장해 두었던 감자와 양파, 계란 등을 자루에 담았습니다. 그리고는 집으로 돌아와 자루 속에 담긴 것들을 모두 쏟았습니다. 올드맨은 신이 나서 푸딩을 만들기 시작했습니다.

"난 정말 지혜로운 토끼야. 나이는 좀 들었지만 말이야. 어디서 음식을 구해야 하는지 아주 잘 알거든."

"어휴, 추워."

그때 나무 위에서 누군가 속삭였습니다. 다람쥐인 '빌리'였습니다.

"빌리! 어딜 그렇게 급히 가는 거야?"

"춥고 배가 고파서. 올겨울을 어떻게 견디지? 오전 내내 돌아다녀 봤는데 먹을 걸 못 구했어."

빌리가 걱정을 하며 저만치로 멀어졌습니다. 조금 뒤, 낙엽이 부스럭거리는 소리가 들렸습니다. 창문을 열어 보니 생쥐인 '몰리'가 오들오들 떨고 있었습니다.

"추운 게로구나."

"추위만 문제인 게 아니야. 먹을 게 하나도 없어. 이제 더 추워지면 어떡하지?"

몰리는 슬픈 표정을 짓고는 가 버렸습니다. 이번에는 박새인 '토미'가 지나가며 불평하는 소리가 들렸습니다. 평소 온화하고 느긋한 모습을 보여 주던 토미는 추운 데다 쌀 한 톨도 보지 못했다며 투덜거렸습니다.

푸딩은 거품을 내며 끓고 있었습니다. 푸딩을 젓던 올드맨은 아이디어가 하나 떠올랐습니다.

'진작 이 생각을 왜 못했을까!'

올드맨은 먼저 앞치마를 둘렀습니다. 그리고는 제일 멋진 식탁보를 테이블에 깔았습니다. 식탁 위에는 가장 아끼는 그릇들을 꺼내 올려놓았습니다.

완성된 푸딩을 식탁 위에 차려 놓고 순무와 옥수수, 감자, 홍당무를 곁들였습니다. 그리고서 올드맨은 밖으로 나가 외쳤습니다.

"빌리야, 몰리야, 토미야! 어서 우리 집으로 오렴. 식사 준비가 다 됐단다."

그들은 추위와 배고픔에 떨고 있는 다른 친구들까지 데리고서 올드맨의 집으로 왔습니다. 그들은 서둘러 먹느라 정신이 없었고, 올드맨은 그들 옆에서 열심히 음식을 날랐습니다. 정작 자신은 한 입도 먹지 못했지만 배가 고픈 것조차 몰랐습니다. 만찬이 끝나고 토미가 말했습니다.

"추수감사절이라고 식사를 차리느라 고생한 올드맨에게 우리 모두 박수를 쳐 주자!"

음식이 차려져 있지만 타히티인들은 식탁에서 식사를 하지 않는다. 그림 속 어린아이들도 음식에는 별다른 관심이 없어 보인다. 그 자리에서 어떻게든 벗어나고 싶은 듯, 서로를 곁눈질로 힐끗거리며 바라보고 있다.

*우리는 개인주의와 이기주의를 비슷하게 보지만, 이것은 잘 못된 겁니다. 개인주의의 반대말은 집단주의이고, 이기주의의 반대말은 이타주의입니다. 개인주의는 이기주의와 결합할 수 도 있고 또 이타주의와 맺어질 수도 있습니다. 이에 비해 혈 연, 지연, 학연으로 이어진 신분과 계급의 (그리고 국가까지도) 집단주의는 언제나 이기적입니다. 집단주의의 이기성은 그 집단에 소속된 개인에게는 잘 보이지 않기에 더욱 문제입니

폴 고갱Paul Gauguin, 프랑스 1848~1903, 〈식사 또는 바나나〉, 1891
Oil on paper glued on canvas, 73x92cm. Musée d'Orsay, Paris

모두는 힘차게 감사의 박수를 쳤습니다. 올드맨은 어리둥절해져 말했습니다.

"어? 오늘이 추수감사절이었어? 난 그것도 몰랐네."

올드맨은 자신이 먹을 식량을 열심히 모았습니다. 아마 처음에는 혼자 다 먹을 생각이었을 겁니다. 하지만 올드맨은 배고픔에 떨고 있는 친구들에게 자신이 준비한 것을 나누어 줌으로써 그들의 고통을 달래 주었습니다.

우리는 개인주의와 이기주의를 종종 혼동하곤 합니다.* 개인주의란 타인의 일에 간섭하지 않는 것을 의미하는 것이지, 나 혼자만 잘 살겠다는 것이 아닙니다. 간섭하지 않는 친구, 그러나 나눌 줄은 아는 친구. 이런 개인주의자라면 괜찮은 친구 아닐까요?

다. 하지만 성숙한 개인주의는 저절로 이타적이게 됩니다. 미숙한 개인주의는 이기적입니다. 우리의 삶이 집단주의를 넘어 개인주의를 선택할 때, 그리고 개인주의가 이기주의와 결별하고 이타주의와 군건히 맺어질 때, 세상은 '꽃보다 아름다운 사람들'의 세계로 바꾸어집니다. **

** 개인주의가 오히려 이타적일 수 있고, 모든 집단주의가 이기적이라는 사실을 일깨워 준 역사상 가장 뛰어난 고전은 칼 포퍼Karl Popper의 〈열린 사회와 적들〉입니다. 수준 높은 철학책이지만 의외로 쉽게 읽을 수 있는 고전입니다.

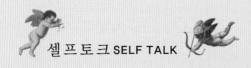

셀프토크 SELF TALK

다음 문항들을 읽고 체크해 보세요. 정답은 없습니다. 여기에서의 **O X** 는 스스로에게 던지는 질문일 뿐입니다. 자기 자신에 대한 질문에는 '정답'이라는 것이 없습니다. 중요한 것은 스스로가 자신에 대해 묻고 자기 자신에 대해 얼마나 제대로 알고 있는가입니다. 이제 자기와의 대화를 천천히, 아주 천천히 나눠 보세요.

- 소년소녀가장, 독거노인, 수재민 등 어려운 이웃을 돌보는 것 **O X** 은 국가의 몫이다. 그런 일에 신경을 쓰는 것보다 자신의 일 을 잘 챙기는 것이 더 옳다고 본다.

- 경제적 여건이 부족한 사람들이 자원봉사 활동을 하는 것을 **O X** 보면 "너나 잘해"라고 말해 주고 싶다.

- 나는 친구들의 사생활을 간섭하지 않고, 그들의 도움도 바라 **O X** 지 않는다.

- 이웃 돕기 성금이나 수재 의연금을 모금하는 것을 보면 참여 **O X** 하고 싶긴 하지만, 그것을 관리하는 사람들을 믿을 수 없기 때문에 절대로 돈을 내지 않는다.

- 나는 빈곤 지역의 어린이 두 명 정도를 후원하며 한 달에 10달 **O X** 러씩 보내고 싶다.

- 나는 구세군 자선 냄비에 돈을 넣어 본 적이 있다. **O X**

팀웍을 위해 한발 물러서는 친구

큰 그림을 보고 자기 목소리를 낮춘 자,
런던 오페라 역사의 전설이 되다. 조안 서덜랜드

호주 출신의 유명한 소프라노 조안 서덜랜드가 1959년 영국 런던에서 오페라 〈람메르무어의 루치아Lucia di Lammermoor〉를 공연할 때 있었던 일입니다.

조안이 영국에서 공연하는 것은 처음이었습니다. 영국의 오페라 팬들은 이 공연에 많은 기대와 관심을 쏟았습니다. 신문과 방송은 앞다투어 조안에 대한 뉴스를 보도했고, 사람들은 그녀의 일거수일투족에 열광했습니다. 오페라의 표는 일찌감치 매진되었고, 극장 앞은 환불표라도 구해 보려는 사람들로 발 디딜 틈이 없었습니다.

그러나 대중들의 열광과는 대조적으로, 주최측과 연출자는 무척 걱정을 하고 있었습니다. 콧대 높기로 소문난 프리마돈나 조안이 자신들의 이런저런 요청에 협조를 잘 해 줄 것인지, 다른 무대에 서처럼 런던에서도 기량을 제대로 발휘할 수 있을지 확신이 없었기 때문입니다. 인기 스타인 그녀의 기분을 맞추지 않으면 성공적으로 공연을 마치는 것은 어려워 보였습니다.

조안이 런던에 도착하고 나서 본격적으로 오페라 연습이 시작되었습니다. 조안의 상대역인 테너 주앙 지빈도 함께였습니다. 조안과 주앙은 서로 더 돋보이고 싶어 했습니다. 상대보다 청중들을 더 매료시키고 인기를 더 얻고 싶어 서로 경쟁하기 시작했습니다. 조안과 주앙은 서로 자존심을 세우고 목소리를 높여 가며 연습을 계속했습니다. 연출자인 프랑코는 툭하면 예민하게 구는 조안 때문에 연습 기간 내내 긴장하고 있었습니다.

그런데 의외의 곳에서 문제가 생겼습니다. 공연이 임박해 있던 시점에 주앙의 건강이 갑자기 악화되었습니다. 주앙의 상태는 공연을 연기하거나 취소해야 할 정도로 심각했습니다. 주최 측도 조안도 긴장을 감추지 못했습니다. 주앙은 관객들의 기대를 저버릴 수 없다며 무리를 해서라도 무대에 서겠다고 했습니다. 출연 예정인 배우가 무대에 나오지 않는다면 관객들이 항의하며 환불을 요구할 것은 불 보듯 뻔했습니다. 주최 측은 고민 끝에 예정대로 공연을 진

행하기로 했습니다.

　드디어 공연 당일이 되었습니다. 관객들은 기대에 부푼 채 입장했습니다. 무대의 막이 올랐고 주앙이 먼저 노래를 부르기 시작했습니다. 평소처럼 시원시원하게 뻗어 나가던 목소리와는 달리, 힘겨운 듯 작은 목소리로 노래를 부르는 주앙의 모습에 관객들은 의아해했습니다. 관객들은 '주앙에게 무슨 문제가 있겠거니' 생각해 숨소리도 내지 않고 고요하게 감상했습니다.

　이어서 조안의 차례가 되었습니다. 청중들은 이번에야말로 시원하게 뻗는 목소리를 들을 수 있겠다고 생각했습니다. 그러나 조안 역시 작고 약한 소리로 노래를 부르기 시작했습니다. 청중들은 당황했습니다. 그러나 조안의 목소리는 작지만 너무나 아름다웠습니다. 가냘프게 이어지는, 마치 천사의 목소리 같은 조안의 아리아가 이어졌고, 무대와 객석 간에 깊은 교감이 이루어지고 있었습니다.

　조안의 아리아가 끝나자 열화와 같은 박수가 터져 나왔습니다. 사람들은 감동을 주체하지 못하고 하나둘 일어섰습니다. 기립 박수는 열광적이었고 좀처럼 끝날 기미가 보이지 않았습니다. 이날 공연은 런던 오페라 역사의 전설로 남았습니다.

　병세가 악화된 주앙의 목소리가 힘도 없고 기교도 없었기 때문

윌리엄 호가스William Hogarth, 영국 1697-1764, 〈존 게이의 '거지 오페라' 5막〉, 1728년경
Oil on canvas, 56x72.5cm, Tate Gallery, London

에, 조안은 자신의 목소리를 마음껏 뽐내서 자신을 더욱 돋보이게 할 수도 있었습니다. 영국에서의 첫 무대인 만큼 자신의 재능을 제대로 보여 주고 싶었을 겁니다. 그렇지만 그녀는 경쟁심으로부터 한발 물러섰습니다. 조안은 어떻게 해야 공연이 전체적으로 조화로울 수 있는지를 최우선으로 생각한 것입니다. 청중의 입장에서, 상대역의 입장에서 이 공연을 바라본 것입니다. 그래서 조안은 자신의 목소리를 주앙의 목소리에 맞추는 것이 옳다고 생각했습니다. 그런 마음은 청중에게도 전해졌고, 그래서 청중은 더욱 진한 감동을 느꼈습니다. 결과적으로 주앙, 조안, 청중, 그리고 이야기를 전해 듣는 우리들까지 행복해지게 되었습니다. 우리가 누군가에게 조안처럼 큰 그림을 생각하고 배려해 주는 친구가 되어 줄 수 있다면 정말 모두가 행복해질 것입니다.

재능이 빛을 발할 수 있는 것은
남보다 뛰어난 실력 때문이 아니라
남과 함께하고 남을 배려하고
자신을 낮추는 겸손함,
그리고, 바로 그 겸손함을 가꾸고 키우는
스스로에 대한 고결한 자긍심 때문입니다

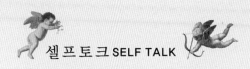

셀프 토크 SELF TALK

다음 문항들을 읽고 체크해 보세요. 정답은 없습니다. 여기에서의 🔘🗵는 스스로에게 던지는 질문일 뿐입니다. 자기 자신에 대한 질문에는 '정답'이라는 것이 없습니다. 중요한 것은 스스로가 자신에 대해 묻고 자기 자신에 대해 얼마나 제대로 알고 있는가입니다. 이제 자기와의 대화를 천천히, 아주 천천히 나눠 보세요.

▣ 조안이 정말로 청중을 생각했다면 실력을 아낌없이 보여 주   🔘🗵
   어야 했다.

▣ 주앙 지빈은 관객과의 약속을 지키는 것도 좋지만, 공연 전체   🔘🗵
   를 위해서 출연하지 않는 편이 더 나았다.

▣ 출연자의 컨디션과 상관없이 공연을 진행한 주최 측은 관객   🔘🗵
   들에게 양해를 구해야 했다.

▣ 내가 만약 주앙이었다면 _____ 했을 것이다.

▣ 조별 과제를 할 때 능력이 부족한 친구들과 한 팀이 된다면 나는 _____
   _____ 할 것이다.

▣ 상대방이 불리한 조건을 가진 상황에서 나와 경쟁하게 된다면 나는
   _____ 할 것이다.

BOY WANTED(이런 사람을 찾습니다)

바르게 서고, 바르게 앉고,
바르게 행동하고, 바르게 말하는 남자.

손톱 관리가 잘 되어 있고,
귀가 깨끗하고, 구두에 광이 나고, 옷이 잘 손질되어 있고,
머리도 잘 정돈되어 있고, 치아를 잘 관리한 남자.

말을 걸 때 주의 깊게 듣고, 이해가 안 될 때 질문을 하고,
자기 일이 아니라면 쓸데없이 묻지 않는 남자.

빨리 행동하고 가급적 소란을 피우지 않는 남자.
길에서 휘파람을 불더라도 때와 장소는 가릴 줄 아는 남자.

모두에게 미소 지을 준비가 되어 있는 쾌활한 남자.

모두에게 예의 바르고, 여자들을 존중하는 남자.
담배를 피우지 않고 피우고 싶어 하지도 않는 남자.
비속어보다 바른 말을 구사하려고 하는 남자.
다른 사람들을 괴롭히지 않고 괴롭힘 당하지도 않는 남자.

모를 때는 모른다고, 실수했을 때는 미안하다고,
뭔가를 부탁받으면 우선 해보겠다고 말하는 남자.
상대의 눈을 응시하고, 매번 진실을 말하는 남자.
좋은 책을 읽으려고 하는 남자.
도박에 돈을 걸기보다 YMCA 체육관에서 여가를 보내려 하
는 남자.

영악하게 굴지 않고 주목을 끌려고도 하지 않는 남자.
실직당하거나 퇴학당하더라도 거짓말하거나 비열하게 굴지
않는 남자.

다른 남자들이 좋아하는 남자.
여자 동료들을 편하게 해 주는 남자.

스스로를 안쓰럽게 여기거나
자신만 생각하고 자기 이야기만 늘어놓지 않는 남자.

다른 누구보다도 엄마와 친밀하고 엄마에게 다정한 남자.
곁에 있으면 기분이 좋아지는 남자.

착한 척하거나 고고한 척하지 않으며,
건강하고 행복하고 활기가 있는 남자.

이런 남자는 어디서든 원한다.
가족도, 학교도, 회사도, 남자들도 여자들도
모두가 그를 원한다.

윌리엄 J. 베네트 William J. Bennett

고흐가 그린 폴 고갱의 의자입니다. 고갱과 고흐는 프랑스 남부의 아를르에서 한때 함께 생활했던 적이 있습니다. 공동 창작 작업실을 꿈꾸었던 두 사람의 행복한 만남은, 강한 개성으로 인해 함께 생활한 지 두 달도 안 되어 고갱이 고흐를 떠남으로써 끝납니다. 이 그림은 〈빈센트의 의자〉와 쌍을 이루는 작품이기도 합니다. 소박하고 투박해 보이는 〈빈센트의 의자〉와는 달리 팔걸이도 달려 있고, 의자 위에 촛불과 책이 놓여 있습니다. 고갱과 고흐, 두 사람은 헤어졌지만 서로가 서로를 존경하고 그리워했지요. 아마도 예술가의 개성을 존중하는 우정은 어느 정도의 거리를 두어야 서로에게 긍정적 만남을 허락하는 '고슴도치 사랑'과 같은 게 아닐까요. '함께 그러나 따로 따로'라고……. 고갱이 없는 빈 의자가 어쩐지 쓸쓸해 보이지 않나요? 두 사람이 서로 다르다는 것을 인정하고, 조화를 이루는 마음을 갖추었더라면 어땠을까요.

빈센트 반 고흐Vincent van Gogh, 네덜란드 1853~1890, 〈폴 고갱의 의자 (빈 의자)〉, 1888
Oil on canvas, 90.5x72.5cm. Van Gogh Museum, Amsterdam

Lesson 04
세계를 만나기

GLOBAL PASSPORT
나는 글로벌 시티즌입니다

누구의 편도 아니고 오직 정의의 편에 서는 시민

똘레랑스가 몸에 밴 시민

법정에 서더라도 밝힐 것은 밝히는 시민

작은 힘으로 큰 물결을 일으키는 시민

차이점보다 공통점에 초점을 맞추는 시민

작은 불편을 즐겁게 받아들이는 시민

노블레스 오블리주를 실천하는 시민

원슬로 호머Winslow Homer, 미국 1836~1910, 〈세찬 바람〉, 1873~1876
Oil on canvas, 61.5×97cm. National Gallery of Art, Washington

나는 지구의 한 귀퉁이를 위해 헌신하도록 태어나지 않았다.
나의 조국은 세계다.

세네카Lucius Annaeus Seneca

"저는 정의의 편에 설 뿐입니다."

누구의 편도 아니고
오직 정의의 편에 서는 시민

"당신은 미국 편입니까, 한국 편입니까?"

수년 전, 미국 국무성에서 외교관 채용 시험이 있었습니다. 이미 필기 고사를 거쳤기에 합격자 후보는 상당히 추려져 있었습니다. 하지만 최종 구술시험의 경쟁도 굉장히 치열했습니다. 박사 학위 소지자, 대대로 미국에 정착해 살고 있는 백인 엘리트, 그리고 국제 외교 분야에서 이미 상당한 실무 경력을 쌓은 실력자가 치열하게 경쟁을 벌이고 있었습니다.

주리도 국무성 필기 시험에 합격해서 구술시험을 치르게 되었습니다. 세 살 때 부모를 따라 미국에 온 그녀는 사실 지원자들 중 가장 불리한 여건에 놓여 있었습니다. 우선 그녀는 누가 보아도 동양인이었습니다. 아무런 경력도 배경도, 심지어 박사 학위조차도 없

클로드 모네Claude Monet, 프랑스 1840~1926, 〈수련 연못 : 초록의 조화〉, 1899
Oil on canvas, 89x93.5cm. Musée d'Orsay, Paris

었습니다. 경쟁자들은 모두 쟁쟁한 실력자들이었습니다.

구술시험 당일이었습니다. 주리는 면접관 앞에 앉아 있었습니다.

"자료를 보니까 한국계 이민 2세던데. 맞습니까?"

"네, 그렇습니다."

"당신은 한국에서 태어났지만 지금은 미국 시민으로 살고 있습니다. 만약 당신이 이번 시험에 합격한다면, 미국 정부의 외교관이 되는 것입니다. 외교 활동 중에 미국과 한국의 이익이 충돌하게 되는 상황은 충분히 벌어질 수 있습니다. 그런 상황에 놓였다고 가정해 봅시다. 그렇다면 당신은 어느 나라의 편에 서겠습니까?"

"저는 한국과 미국, 그 어느 편에도 서지 않을 것입니다."

"그렇다면요?"

"저는 정의의 편에 설 뿐입니다."

주리가 시험에 합격한 것은 아마 이 한 마디 때문이었을 것입니다. 대부분의 수험자들이 비슷한 질문을 받고 미국의 편에 서겠다고 대답했습니다. 그 사람들은 모두 합격하지 못했습니다.

주리가 받은 질문은 사실 대답하기가 굉장히 곤란한, 아주 어려운 질문입니다. 주리는 어떻게 해서 저렇게 잘 대답할 수 있었을까요?

철저한 기독교인으로서의 신앙 생활을 하는 부모님 밑에서 자란 주리는 어린 시절부터 하루도 빠짐없이 성서를 읽었습니다. 성서 속에서 그녀의 마음속을 파고들었던 단어가 있었다고 합니다. 그것은 바로 공평하고 의로운 것을 뜻하는 '공의로움', 즉 '정의'였습니다. 정의라는 개념은 그녀의 삶 속에 자연스레 스며들어 있었고, 그녀에게 있어 가장 중요한 요소가 되었습니다. 애초에 그녀가 외교관의 꿈을 가지게 된 것도, 성서 속의 공의로움을 국제 관계에서 실현시키고 싶다고 생각했기 때문이었습니다.

주리에게 있어서 외교관 시험 합격이라는 개인적인 성공 또한 아주 중요한 일입니다. 그러나 주리는 이렇게 생각하고 있습니다. 개인적 성공보다는 가족 간의 사랑이, 가족 간의 사랑보다는 국가의 이익이, 국가의 이익보다는 정의가 더 중요하다고 말입니다. 그녀에게 정의, 즉 공의로움보다 더 중요한 것은 없습니다. 주리는 국가의 이익이나 가족 간의 사랑, 개인적 성공, 그 모든 것이 정의가 실현되었을 때 비로소 극대화된다고 생각하고 있습니다.

'공의로움'

공평하고 의롭다는 뜻입니다

때로 책 속에서 발견한 단어 하나가

삶 전체를 바꾸기도 합니다

어느 날 책 속에서 발견했던 '공의로움'이란 단어가

어느새 내 삶 속에 자연스레 스며들었습니다

성서와 고전 속에서 발견한 새로운 삶의 가치 하나!

독일의 공직자들은 이런 문구가 쓰여진

편지봉투를 사용합니다

"국가를 비판하는 것은 당신의 권리입니다

권리를 행사하세요

단 국가가 바로 당신이라는 것

그것을 잊지는 마시고요"

미국의 언론은 미국 안에 있지만

미국의 국익에만 봉사하지 않고

인류의 진리와 정의에 봉사한다

워싱턴 포스트 Washington Post

장 오노레 프라고나르Jean-Honoré Fragonard, 프랑스 1732~1806, 〈책 읽는 소녀〉, 1770년경
Oil on canvas, 81.1x64.8cm. National Gallery of Art, Washington

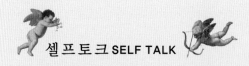

셀프토크 SELF TALK

다음 문항들을 읽고 체크해 보세요. 정답은 없습니다. 여기에서의 **O X**는 스스로에게 던지는 질문일 뿐입니다. 자기 자신에 대한 질문에는 '정답'이라는 것이 없습니다. 중요한 것은 스스로가 자신에 대해 묻고 자기 자신에 대해 얼마나 제대로 알고 있는가입니다. 이제 자기와의 대화를 천천히, 아주 천천히 나눠 보세요.

- 외교관이라면 자신을 파견한 나라의 국익을 우선순위로 두 **O X** 고 일해야 한다.

- 정의로움은 하루 아침에 생기는 것이 아니기 때문에 끊임없 **O X** 이 훈련해야 한다.

- 국익을 위해서는 개인의 가치관도 버릴 수 있어야 한다. **O X**

- 우리 사회에서는 정의보다 돈과 인맥이 더 중요하다. **O X**

- 사회 지도층이나 연예인들이 관련된 부적절한 사건을 볼 때마다 생각나는 것은 _____이다.

- 한일 관계에 있어서 감정적으로 대립할 것이 아니라 정의 차원에서 해결해야 할 문제는 _____이다.

- 내가 생각하기에 정의에 있어서 가장 중요한 것은 _____이다. 왜냐하면 _____이기 때문이다.

똘레랑스가 몸에 밴 시민

한국에서는 수저로 밥을 먹고
인도에서는 손으로 밥을 먹는다. 단지 그것뿐.

　한국에서 디자이너로 활동하던 미영은 무역 회사 주재원으로 발령을 받은 남편과 함께 유럽의 한 도시로 이사를 가게 되었습니다. 아이가 생기지 않아 마음 고생이 심했던 그녀가 이국땅에서 아이를 낳았을 때의 기쁨이란 말로 표현할 수 없을 정도로 컸습니다. 미영의 남편 역시 아기를 안고 좋아서 어쩔 줄을 몰라 했습니다.

　아이가 예쁘게 재롱을 부리기 시작했을 무렵, 미영은 디자인 회사에서 일하게 되었습니다. 아이를 돌봐 줄 곳이 필요했고, 공립 유아원에 자리가 나기를 기다렸습니다. 드디어 소식이 왔습니다. 유아원을 찾은 미영에게 원장은 종이 한 장을 내밀었습니다. '예방접종, 담당 의사, 태어난 곳, 부모의 상황……' 종이에 적힌 항목을 읽어 내려가던 미영은 한 곳에서 시선을 멈췄습니다.

'먹여서는 안 되는 음식'

미영은 이 항목이 뭘 뜻하는지 이해할 수가 없었습니다. '애들은 무엇이든 골고루 잘 먹어야지, 먹여서는 안 되는 음식이 어딨어?'

미영은 한참을 생각하다가 용기를 내 유아원의 원장에게 물었습니다.

"원장님, 먹여서는 안 되는 음식이란 게 도대체 뭘 말하는 거죠?"

"아, 뭐 종교적인 이유로 금기시하는 음식들 있잖아요. 이슬람교 같은 경우는 돼지고기를, 힌두교 같은 경우는 쇠고기를 금하니까요. 하지만 어릴 때는 자신의 종교가 무엇이든 어른들이 주는 대로 먹잖아요. 나중에 아이들이 자라서 종교적 규율을 익히고 나면, 어릴 적에 고기를 먹었다는 사실 때문에 얼마나 속이 상하겠어요? 아마 부모님이나 유아원 선생님을 원망할 걸요? 나아가서는 이 나라를 원망할지 누가 알겠어요." 원장이 어깨를 으쓱해 보이며 말했습니다.

"아! 이제 무슨 말인지 이해가 되네요."

"그래서 저희는 이슬람교를 믿는 아이들에게 고기를 주는 대신 계란이나 생선으로 된 식단을 따로 마련해 줍니다. 부모가 원한다

너와 나는 달라, 단지 그것뿐……
누군가의 사고 방식, 행동 방식을
내가 원하는 것으로 억지로 바꾸려 하지 마세요
그것은 그 사람에 대한 모독일 뿐입니다
오히려 다르기에 가능하지요
다르다는 것,
그것을 긍정적으로 인정하는 태도가
우리 사회를 품위있는
똘레랑스 사회로 만들어 줍니다

펠릭스 발로통Félix Vallotton, 스위스 1865~1925, 〈저녁 식사, 램프가 있는 풍경〉, 1899
Oil on panel, 57x89.5cm. Musée d'Orsay, Paris

면 말이죠. 혹시 한국도 금기시하는 음식이 있나요?"

"아뇨, 특별히 그런 건 없어요."

"그래도 아이가 거부반응을 일으키는 음식이 있다면 알려 주세요. 우유나 계란 알레르기가 있는 아이들도 있거든요."

이 유아원에서는 '10개월 된 아기가 뭘 알겠어?'라고 생각하지 않았습니다. 아이가 속해 있는 문화나 종교의 어엿한 구성원으로 아이를 대하고 있었을 뿐만 아니라, 모든 문화와 종교를 인정하고 배려하고 있었던 것입니다.

서로의 종교, 문화, 성향 등을 인정하는 태도는 서유럽 사회 깊숙이 뿌리박혀 있습니다. 이는 우리가 본받아야 할 부분입니다. 정치적 이유로 프랑스에 망명한 후 파리에서 오랫동안 택시 운전기사로서의 삶을 살았던 홍세화 씨는 그의 저서 《나는 빠리의 택시 운전사》에서 프랑스 사회는 '똘레랑스 있는 사회'라고 말합니다. 똘레랑스란 '다른 사람이 생각하고 행동하는 방식과 정치적, 종교적 의견의 자유를 존중하는 것'을 뜻합니다. 프랑스인들은 정치적 이념이나 종교적 신념을 강제로 바꿀 수 없다고 생각합니다. 한 사람을 강제로 바꾸는 것은 그 사람의 인간성을 이해하지 못한 데에서 나오는 것이라고 여기기 때문입니다. 그것은 인간만이 가질 수 있는 이

넘이나 신념에 대한 모독이라고 그들은 여깁니다. 서구인들이 믿는 '공존'이란, 이처럼 상대방의 정치적 의견이나 사상, 이념 등을 존중하는 동시에 자신의 사상과 이념도 인정받는 것을 말합니다.

한국에서는 수저로 밥을 먹습니다. 그러나 인도에서는 손가락으로 밥을 먹습니다. 인도인들은 한국인들을 보고 '누구의 입에 들어갔을지도 모를 수저로 어떻게 밥을 먹을 수가 있지? 더럽지도 않은가?' 하고 의아해 합니다. 반면, 한국인들은 인도인들을 보고 '온갖 세균이 우글거리는 손가락으로 밥을 먹다니. 에잇, 불결해!'와 같은 반응을 보입니다.

한국인도, 인도인도 더러운 것이 아닙니다. 단지 서로의 문화가 다를 뿐입니다. 문화는 구성원들의 방식이 쌓이고 쌓여 만들어지는 것입니다. 그러므로 서로 다른 문화를 가지고 있다고 해서, '맞다, 틀리다'라는 식으로 접근할 수 없습니다. 한국인과 인도인 모두 자신들의 독특하고 개성 있는 문화를 이어 받아 건강하게 살아가고 있습니다.

서로 우열을 가리려 하기보다는 서로 인정하고 배우려 하는 마음, 그것이 바로 똘레랑스입니다. 똘레랑스는 글로벌 시민사회에서 갖추어야 할 정신이라고 할 수 있습니다.

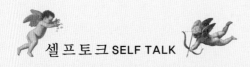

셀프 토크 SELF TALK

다음 문항들을 읽고 체크해 보세요. 정답은 없습니다. 여기에서의 **O X**는 스스로에게 던지는 질문일 뿐입니다. 자기 자신에 대한 질문에는 '정답'이라는 것이 없습니다. 중요한 것은 스스로가 자신에 대해 묻고 자기 자신에 대해 얼마나 제대로 알고 있는가입니다. 이제 자기와의 대화를 천천히, 아주 천천히 나눠 보세요.

■ 아이들 각자가 가진 개성이나 취향을 일일이 구분하여 배려 **O X**
  하기보다는, 그들에게 사회 구성원으로서 익혀야 할 것들을
  가르쳐 주는 것이 더 중요하다.

■ 유아들에게까지 종교나 문화적인 이유로 별개의 식단을 마 **O X**
  련해 주는 것은 지나친 친절이다.

■ 개인의 의견을 너무 존중하다 보면 사회의 질서가 제대로 잡 **O X**
  히지 않을 것이다.

■ 개성을 존중한다면 학교는 자유 복장, 화장, 머리 염색을 허 **O X**
  용해야 한다.

■ 아무리 문화와 개성이 중요하다고 해도 현재 살고 있는 나라 **O X**
  의 문화와 관습을 따라야 한다.

■ 다문화 가정의 아이들을 볼 때 나는 .... 생각이 든다.

218

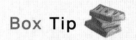

반대하지만 존중합니다.

나는 당신의 의견에 반대한다.
그러나 내가 반대하는 그 의견을
당신이 주장할 수 없는 사회라면,
내 목숨을 걸고 나는 그런 사회를 반대한다.

볼테르Voltaire

자신의 안위보다는 정의를 위하고

양심의 소리를 외면하지 않고 사실을 밝히는 것

글로벌 시티즌으로서의 모습

아그놀로 브론치노Agnolo Bronzino, 이탈리아 1503~1572, 〈우의적인 단테의 초상〉, 16세기 말
Oil on panel, 126.9x120cm. National Gallery of Art, Washington

법정에 서더라도 밝힐 것은 밝히는 시민

자신의 안위보다는 정의를 위해
양심의 소리를 내는 사람들.

'교육실로 가라고? 거기서 뭘 하란 말인가?'

이문옥 감사관은 상부의 지시를 이해할 수 없었습니다. 재벌의
부동산 투자 현황을 조사하던 이문옥 감사관은, '조사를 중지하라'
라는 상부의 지시가 자신이 속해 있는 감사원 2국 4과에 내려왔다
는 소식을 들었습니다. 게다가 갑자기 인사 이동을 지시받은 것입
니다. 조사에 관여했던 담당 국장은 국방 대학원으로, 담당 과장은
자료 담당관으로, 감사 반장인 이문옥은 교육실로 배치를 받았습니
다. 모두 감사 업무와는 직접적인 관계가 없는 곳이었습니다.

1990년 봄, 감사원 2국 4과 감사반은 재벌의 부동산 투자 현황을
몇 달에 걸쳐 조사하고 있었습니다. 국세청으로부터 제출받은 자료

를 분석해 보니 재벌의 부동산 투기 문제가 상당히 심각했습니다. 회사와는 상관없는 부동산의 비율이 자그마치 43%였는데, 은행감독원은 1.2%라는 말도 안 되는 수치로 줄여서 발표를 한 것입니다. 이문옥을 비롯한 감사관들은 국민을 속인 은행감독원에 조치를 취해야겠다고 생각했습니다. 그러던 중 갑자기 조사를 그만두라는 상부의 지시를 받은 것입니다. 결국 감사는 중단되었고, 감사반은 그때까지의 조사 결과를 보고서로 작성해 제출했습니다. 그러나 상부의 반응은 냉담했습니다. 재벌의 부동산 투기는 은행감독원의 공식적인 발표보다 훨씬 심각했는데도, 그에 관한 법률이 곧 개정될 예정이므로 다음번 감사 자료로 쓰겠다는 것이었습니다. 지금까지 조사했던 내용들이 아예 없었던 일이 되어 버렸습니다. 재벌의 부동산 투기를 뿌리 뽑겠다고 한 정부의 약속은 거짓말이 되었습니다.

감사가 중단된 직후, 이문옥은 놀라운 이야기를 들었습니다. 한창 조사가 이뤄지고 있을 때, 어떤 재벌 기업 부회장이 감사원의 고위층을 직접 만나 당장 조사를 중단하라고 요구했다는 것입니다. 그리고 상부에서 감사 중단 지시가 내려온 것은 그로부터 며칠 후였던 것입니다.

'재벌이 국가보다 위에 있다니, 있을 수 없는 일이야!'

이문옥은 이대로 있어서는 안 되겠다는 생각이 들었습니다. 그는 고심하던 끝에 이 사실을 국민들에게 알리기로 마음을 먹었습니다. 그래서 그간 조사한 자료를 언론기관에 넘겼습니다. 그런데 검찰은 이 사실을 어떻게 알았는지, 이문옥에 대해 기밀 누설 혐의로 구속 영장을 신청했습니다. 언론기관은 이 사건을 신문에 대서특필했습니다. 그러자 비난 여론이 빗발쳤습니다. 국가 기밀도 아니고, 사람들이 당연히 알아야 할 것을 알린 것뿐인데 그게 어째서 죄가 되느냐는 것이었습니다. 그렇지만 법원은 구속 영장을 발부해 주었고, 이문옥은 구속되었습니다.

이문옥이 구속된 지 열흘쯤 지났을 때의 일입니다. 종로 5가의 경실련 사무실에 가락동 농수산물 시장 상인 네 명이 찾아왔습니다. 그들은 굴비, 김, 고춧가루 등 10여 가지의 농수산물을 건네주며 부탁의 말을 전했습니다.

"동료 상인들과 함께 마련했습니다. 이문옥 감사관 가족들에게 꼭 좀 전해 주십시오."

재벌들의 횡포와 그것을 감싸주는 정부와 감사원에 분노하던 상인들은, 이문옥의 용기있는 행동을 보며 자신들도 뭔가 해야겠다고 생각했습니다. 그래서 작은 정성이나마 모아 왔다는 것이었습니다.

"사실 며칠 전에 이 감사관님 댁을 직접 찾아가 이것들을 전해 드렸어요. 그런데 가족분들이 끝까지 받지 않아서 결국 헛걸음만 했지요. 이 감사관님 뜻에 따라 한 번도 선물 같은 것은 받아 본 적이 없다고 하시더라고요."

물품을 건네받은 경실련 관계자는 그 자리에서 이 감사관의 가족들에게 전화를 걸어 상인들의 뜻을 전했습니다. 그러나 다음과 같은 답변만이 돌아왔습니다.

"마땅히 할 일을 했을 뿐인 걸요. 우리보다는 이 감사관의 석방을 위해 애쓰시는 분들께 전해 주세요."

감사관은 국가기관의 잘못을 찾아내 바로잡는 일을 하는 사람입니다. 이문옥은 6년여의 끈질긴 법정투쟁 끝에 무죄판결을 받았습니다. 그리고 1996년, 감사원에 복직한 뒤 1999년, 정년 퇴임했습니다. 내부 고발을 하면 무조건 배신자 소리를 듣고 정부에 저항하면 '죽일 놈'이 되었던 시대에, 자신의 안위보다는 정의를 위해 양심의 소리를 냈던 것입니다.

정부와 기업들의 부정부패에 대한 보도는 지금도 끊이지 않고 있습니다. 이문옥처럼 양심의 소리를 외면하지 않고 사실을 밝히는 것은, 글로벌 시티즌의 올바른 모습입니다.

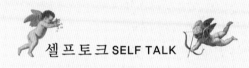

셀프토크 SELF TALK

다음 문항들을 읽고 체크해 보세요. 정답은 없습니다. 여기에서의 O X 는 스스로에게 던지는 질문일 뿐입니다. 자기 자신에 대한 질문에는 '정답'이라는 것이 없습니다. 중요한 것은 스스로가 자신에 대해 묻고 자기 자신에 대해 얼마나 제대로 알고 있는가입니다. 이제 자기와의 대화를 천천히, 아주 천천히 나눠 보세요.

- 이문옥 감사관과 같은 행동은 현실에서는 계란으로 바위 치   O X
  기와 같다.

- 재벌의 청탁을 받은 상사들처럼 '좋은 게 좋은 것'이라고 여기   O X
  는 것이 사회생활을 무난하게 할 수 있는 방법이다.

- 재벌을 건드리면 나라의 경제가 위태로워진다. 그러니 때로는   O X
  법을 크게 위반하지 않았다면 눈감아 주는 것도 나쁘지 않다.

- 내부에서 해결되지 않은 사건을 언론기관에 넘겨 준 이문옥   O X
  감사관의 행동은 잘못된 것이다.

- 자신의 역할에 최선을 다하는 것에서 사회 변화는 시작된다.   O X
  그러다 보면 부정부패가 아무리 많더라도 사회는 바뀔 것이다.

- 내 주변에서 일어난 부당한 사건은 ....이었고, 그때 난 ....
  행동했다.

- 괜히 나서서 배신자 소리를 듣기보다는 조용히 지내는 것이 낫다고 누
  군가 나에게 충고한다면, 나는 .... 행동할 것이다.

아테네 시민의 서약

우리는 불성실하거나 비겁한 행동으로 아테네를 불명예스럽게 하지 않을 것이며,
고통받고 있는 동지들을 저버리지도 않을 것입니다.
우리는 아테네의 이상과 성스러움을 위해 혼자,
그리고 많은 사람들과 함께 싸울 것입니다.
우리는 아테네의 법을 존중하고 따를 것입니다.
그리고 법 따위는 안중에도 없거나 그것을 파기하려고 드는 자들을 상대로
경의를 실현할 수 있도록 최선을 다할 것입니다.
시민으로서의 의무감을 촉진시키기 위해 우리는 끊임없이 분투할 것입니다.

그러므로, 이와 같이
아테네를 보존할 뿐만 아니라,
더 나은 아테네를 만들기 위해
지속적으로 노력할 것입니다.

작은 힘으로 큰 물결을 일으키는 시민

펜팔 교류에서 사이버 외교관까지

민간외교 사절단 반크(VANK)는 '대한민국을 해외에 알리기 위한 자발적인 모임(Voluntary Agency Network of Korea)'의 약자입니다. 1999년 일반적인 펜팔 모임으로 시작한 반크의 회원들은 외국 친구들과 펜팔을 통해 영어 공부도 하고 국제적인 감각도 키워 보고 싶다고 생각했습니다. 그래서 미국, 유럽 등에 있는 각 대학의 아시아 관련 학과 게시판에 무작정 자기소개서를 띄웠습니다.

'우리는 다음 월드컵이 열리는 나라, 한국의 젊은이들입니다.

한국과 아시아에 관심이 많은 세계의 친구들과 사귀고 싶습니다.

관심이 있는 분은 우리에게 메일을 보내 주세요.

우리가 당신만의 사이버 관광 가이드가 되어 드리겠습니다.'

예상 외로 반응은 뜨거웠습니다. 하루에 수십 통의 메일이 쏟아졌습니다. '아시아'라고 하면 중국이나 일본부터 떠올리던 외국인들에게 한국이라는 존재 자체가 흥미롭게 느껴졌던 것입니다. 사이버 관광 가이드가 되어 주겠다는 것도 좋은 아이디어였습니다.

반크는 '외국 친구들과의 이메일 펜팔 교류'를 위한 홈페이지를 만들었습니다. 이 홈페이지는 10대 청소년들의 뜨거운 관심을 받기 시작했습니다. 해외여행이나 어학연수를 가지 않고도 외국 친구를 사귈 수 있다는 점은 그들에게 충분히 매력적이었을 것입니다.

한편, 펜팔 교류가 진행되면서 반크의 회원들은 외국의 친구들이 한국에 대해 잘못 알고 있는 것이 너무나 많다는 사실을 깨달았습니다.

중국과 일본의 속국이었던 국가, 약소한 국가, 비겁한 나라, 낙후된 국가 …….

외국인 친구들이 알고 있는 한국은 우리가 아는 한국과 많이 달랐습니다. 반크 회원들은 자신들이 더 이상 해외 펜팔이나 사이버 관광 가이드의 역할에만 머무를 수는 없다고 생각했습니다. 이때부

펜팔 교류로 시작해 사이버 외교관 역할까지,
작은 노력을 모아 결국 큰 물결을 일으키는 시민,
바로 글로벌 시티즌입니다

피에르 보나르Pierre Bonnard, 프랑스 1867~1947, 〈편지〉, 1906년경
Oil on canvas, 55x47.5cm. National Gallery of Art, Washington

터 반크가 나아가는 방향은 국가 홍보-사이버 외교관으로 바뀌었습니다. 세계지도에서 사라졌던 '동해'가 다시 표기되는 데에도 한 몫했습니다.

반크의 회원들은 해외의 유명 출판사의 출판물이나 방송국, 포털 사이트 등에서 한국과 관련한 오류를 찾아 낸 후 시정을 요구하는 이메일을 보내는 식으로 활동했습니다. 이렇게 해서 바로잡은 내용이 수백 건에 이릅니다.

세계보건기구, 그린피스, 국제부흥개발은행 같은 국제기구나 국제단체는 물론이고, 미국 국무부, 캐나다 외교부, 미국 컬럼비아 대학 백과사전 출판부, 내셔널 지오그래픽, 미국의 방송국인 PBS, 영국의 방송국인 Channel4 등이 한국과 관련된 자료를 수정했습니다. 히스토리 채널, 인터넷 여행 사이트인 '론리 플래닛', 스페인 일간지인 〈엘 문드〉 등도 자신들이 가진 한국 관련 정보가 잘못되었음을 시인했습니다.

반크의 회원수는 약 10만여 명, 그중 약 70%는 10대 청소년입니다. 젊은 네티즌들이 사이버 외교관 역할을 자처함으로써 세계는 한국을 제대로 알아가기 시작했습니다. 한국이 중국이나 일본과 비슷하기만 한 것이 아니라 독자적인 역사를 가지고 있으며, 찬란한

문화를 꽃피웠던 국가라는 사실을 말입니다. '일본해'로 표기된 것을 '동해'로 바로잡는 것은 정부도 지난 수십 년간 해내지 못했던 일입니다. 작은 참여들이 모여 이루어 낸 기적을 우리는 반크를 통해 보았습니다. 혼자서는 할 수 없어 보이는 일도 백 명, 천 명, 만 명이 모이면 이룰 수 있습니다. 작은 힘이 모이고 모이면 파도를 이루게 되고, 그것은 기적을 만들어 낼 것입니다.

난 다만 한 개인을 바라볼 뿐이다
난 한 번에 단지 한 사람만을 사랑할 수 있다
한 번에 단지 한 사람만을 껴안을 수 있다
단지 한 사람, 한 사람, 한 사람씩만
그래서 당신도 시작하고 나도 시작할 수 있는 것이다

난 한 사람을 붙잡는다
만일 내가 그 사람을 붙잡지 못했다면
난 4만 2천 명을 붙잡지 못했을 것이다

모든 노력은 바다에 붓는 물 한 방울과 같다
만일 내가 그 한 방울의 물을 붓지 않았다면
바다는 그 한 방울만큼 줄어들 것이다
......
단지 시작하는 것이다,
한 번에 한 사람씩.

마더 테레사Mother Teresa

세잔느는 무언가를 보고 단지 생각만 하기보다, 보이는 것을 '보고' '느끼고' 싶어했습니다. 그는 보이는 것이 '만지는' 것이 되는 경지를 추구했습니다. 세잔느에게 있어 그림은 이미 지나가 버린, 다시는 결코 돌아오지 않을 순간을 잡는 것, 즉 까르페디엠Carpe diem(이 순간을 잡아라)이었습니다. 아무리 약하고 작은 사람도 할 수 있는 일이 없지는 않습니다. 미래는 아직 오지 않았고, 과거는 이미 흘러갔습니다. 오직 현재만이 있을 뿐…… 할 수 있다면, 아니 할 수 없더라도, 지금 당장 무엇이든 하십시오. 그 당신의 무엇인가가 이웃의 다른 사소한 것들을 불러 함께 또 다른 무엇인가를 만들 것입니다. 그대의 사소한 음성으로 이웃의 사소한 목소리를 부르십시오. 지금 이 순간의 그 작고 사소한 목소리가 곧 커다란 함성으로 이어질 것입니다.

모리스 드니Maurice Denis, 프랑스 1870~1943, 〈세잔느에게 존경을〉, 1900
Oil on canvas, 180x240cm. Musée d'Orsay, Paris

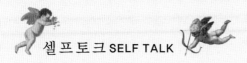

셀프토크 SELF TALK

다음 문항들을 읽고 체크해 보세요. 정답은 없습니다. 여기에서의 **O** **X**는 스스로에게 던지는 질문일 뿐입니다. 자기 자신에 대한 질문에는 '정답'이라는 것이 없습니다. 중요한 것은 스스로가 자신에 대해 묻고 자기 자신에 대해 얼마나 제대로 알고 있는가입니다. 이제 자기와의 대화를 천천히, 아주 천천히 나눠 보세요.

- 반크의 사이버 활동은 단순히 한국을 알리는 수준을 넘어섰다. 거의 민간외교 수준이다. **O** **X**

- 반크 회원의 70%가 청소년이라는 것은 청소년들도 민족의식이 투철하다는 것을 보여 준다. **O** **X**

- 정치적으로 민감한 사안인데도 청소년들이 해결할 수 있었던 것은, 감정적으로 접근하지 않고 근거를 제시하며 주장했기 때문이다. **O** **X**

- 나이가 어리더라도 진실을 알리려는 의지를 가지고 모인다면 못할 일이 없다. **O** **X**

- 내가 만약 반크 회원이라면 나는 ＿＿＿＿＿＿을 주장하고 싶다.

- 더 나은 사회를 만들기 위해 내가 사회 구성원으로서 참여해야 할 부분은 ＿＿＿＿＿이라고 생각한다.

차이점보다 공통점에
초점을 맞추는 시민

의견 차이는 공통의 관심사로 향하는 과정일 뿐.

지난 몇십 년간 세계의 수많은 여성 단체와 종교 단체가 민감하게 갈등을 빚었던 문제는 낙태 문제였습니다. 낙태 찬성론자와 반대론자의 생각이 서로 너무 동떨어져 있어서, 때로는 악의에 찬 격렬한 논쟁은 물론, 폭력 사태까지 일어나곤 했습니다.

1992년, 낙태 찬성론자이자 인공유산 시술 병원의 원무 관리자였던 아이작슨 존스는 신문에 실린 한 논설을 보게 되었습니다. 그녀의 라이벌인 낙태 반대론자이자 변호사인 앤드류 푸즈더가 작성한 논설이었습니다. 이 논설에서 그는 반대론자와 찬성론자가 각자의 입장을 결코 포기하지는 않겠지만 양측이 협력할 만한 공통분모가 반드시 있을 것이라고 이야기했습니다. 존스는 논설을 읽으며 연신 고개를 끄덕였습니다. 그리고는 푸즈더에게 연락해서 회의를 열었습니다.

거기에서 탄생하게 된 것이 '시민 실천 네트워크(Civic Practices Network, CPN)'의 산하단체인 '삶과 선택을 위한 공통 기반 네트워크(Common Ground Network for Life and Choice, CGN)'입니다. 공통 기반 네트워크의 구성원들은 상대방에게 생각을 바꾸라고 강요하거나 억지로 이쪽과 타협하라고 하지 않습니다. 대신 모두가 동의하는 생각을 이루기 위해 협력합니다. 이를테면, 남녀 모두 책임감을 가져야 한다고 피력하는 일, 남녀평등을 실현하기 위해 힘쓰는 일, 청소년들의 임신율을 낮추는 일, 일종의 대안으로서 입양을 지지하는 일, 낙태의 요인을 제거하기 위해 노력하는 일 등을 위해 협력합니다.

이렇듯 공통 기반 네트워크 운동이 활성화되면서, 절대 가까워질 수 없는 앙숙과도 같았던 낙태 반대론자와 찬성론자들은 서로를 조금씩 이해할 수 있게 되었습니다. 낙태 반대론자들이 무조건 남성 우월주의자나 극도의 보수파는 아니라는 사실을, 낙태 찬성론자들도 낙태는 폭력적이며, 바람직하지도 않음을 인정한다는 사실을 서로 깨달았습니다. 반대하거나 찬성하는 것에는 나름대로 타당한

클로드 모네Claude Monet, 프랑스 1840~1926, 〈생타드레스의 테라스〉, 1867
Oil on canvas, 98.1x129.9cm. Metropolitan Museum of Art, New York 그림 236~237p

이유가 있다는 것을 인정하게 된 것입니다. 공통 기반 네트워크 안에서라면 그들은 자신의 가치나 신념을 포기할 필요가 없었습니다. 공통적으로 느끼는 문제점에 대한 긍정적이고 비폭력적인 해결책을 그들은 대화를 통해 찾은 것입니다.

살다 보면 많은 일에서 갈등을 겪기 마련입니다. 물론 갈등이 일어나면 마음이 괴로워지고, 그래서 갈등을 되도록 피하고 싶어집니다. 하지만 갈등은 더 좋은 해결책을 찾는 하나의 과정에 불과합니다. 갈등이 일어나는 것은 아주 당연하고 자연스러운 일입니다. 하나의 문제를 보고 사람들은 저마다 다른 방식으로 생각을 하기 때문입니다. 토의나 토론을 하는 와중에 갈등이 더욱 두드러지기도 하지요.

그렇다면 갈등은 어떻게 극복할 수 있을까요? 열린 마음으로 대화를 하는 것이 그 방법입니다. 사람들이 각자 다르게 생각할 수 있다는 사실을 이해한 후, 타인의 생각을 존중해 주는 것입니다. 격해진 감정을 앞세워 상대방을 맹렬하게 비난하는 데에만 온 정신을 쏟는다면 생산적인 대화는 불가능해집니다.

'저 사람은 내 의견을 사사건건 반대하기만 하고……. 우린 공통점이 없으니 아예 상종을 하지 말아야겠다'라고 생각했던 적이 있습니까? 아무것도 하지 않으면 아무것도 나아지지 않습니다. 마음을 열고 대화를 해야 합니다. 서로 인정할 것은 인정하고 고수할 것은 고수해야 합니다. 그러면서 좀 더 생산적인 방향을 향해 나아가도록 노력해야 합니다. 의견차는 공통의 관심사를 찾는 하나의 과정에 불과합니다.

우리는 맞는 것을 찾기 어렵다
우리에게 부여된 능력은
'틀린 것이 적은 것'을 선택하는 능력일 뿐이다
어쩌면 당신이 맞고 내가 틀릴지 모른다
혹은, 내가 맞고 당신이 틀릴지도 모른다
우리 모두 '오류 가능성'에 노출되어 있다
서로 대화하면서 진리를 향해
노력할 수 있다면
우리는 우리들의 오류를
조금씩 줄여 나갈 수 있을 것이다
지금보다는 '틀린 것이 적은 의견'에
서로 동의할 수 있을 것이다

칼 포퍼Karl Popper

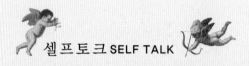

셀프 토크 SELF TALK

다음 문항들을 읽고 체크해 보세요. 정답은 없습니다. 여기에서의 O X 는 스스로에게 던지는 질문일 뿐입니다. 자기 자신에 대한 질문에는 '정답'이라는 것이 없습니다. 중요한 것은 스스로가 자신에 대해 묻고 자기 자신에 대해 얼마나 제대로 알고 있는가입니다. 이제 자기와의 대화를 천천히, 아주 천천히 나눠 보세요.

📋 서로 타협하고 의견을 조율해야 대화를 잘 진행할 수 있다. O X

📋 공통점에 집중하면 대화를 시작할 수 있다. 그러나 차이점을 O X
해결하지 못하면 갈등은 언제든지 다시 생길 수 있다.

📋 서로의 공통점에만 집중하다 보면 자신의 가치나 신념을 잃 O X
어버릴 위험이 있다.

📋 학급 내에서 의견차가 생겼을 때에는 자신의 생각대로만 움 O X
직이면 된다.

📋 친구들이나 부모님과 갈등이 생겼을 때 나는 ＿＿＿＿＿방법으로 대
처한다.

📋 낙태에 대한 나의 입장은 ＿＿＿＿＿이다. 왜냐하면 ＿＿＿＿＿이기
때문이다.

함께 한다면

You can do what I can not do.

당신은 내가 할 수 없는 것을 할 수 있어요

I can do what you can not do.

나는 당신이 할 수 없는 것을 할 수 있지요.

Together we can do great things.

우리가 함께한다면 정말 대단한 일을 해낼 수 있을 거예요.

마더 테레사Mother Teresa

작은 불편을 즐겁게 받아들이는 시민

우리의 간격은 고작 1분 55초.
그저 다른 것일뿐.

화창한 어느 봄날이었습니다. 그날도 슈센은 학교로 가는 버스에 몸을 실었습니다. 슈센은 아시아에서 프랑스로 온 유학생입니다. 버스가 공원 앞 정류장에 다가갈 때 휠체어를 탄 채 정류장에서 버스를 기다리는 한 여성을 보았습니다. 버스가 곧 멈춰 섰고, 버스 기사가 슬라이드 장치를 내려 휠체어가 올라올 수 있도록 했습니다. 여성은 휠체어에 탄 채 버스에 올랐고, 버스에 마련되어 있는 휠체어 전용 칸에 자리를 잡았습니다. 그것을 지켜본 슈센은 너무나 의아했습니다.

'왜 아무도 도와주지 않지?'

다섯 정거장쯤 지났을까요? 휠체어에 탄 여성이 문쪽으로 휠체어를 밀고 나왔습니다. 올라탈 때의 장면을 약간 놓친 슈센은 이번에는 하나도 빠짐없이 관찰해야겠다고 생각했습니다. 여성은 문쪽에 달린 빨간 스위치를 눌렀습니다. 버스 기사는 정류장에 버스를 세우고 슬라이드 장치를 내렸습니다. 슬라이드는 아주 천천히 내려갔지만, 이를 불평하는 사람은 아무도 없었습니다. 다들 아무 말 없이 자신의 차례를 기다릴 뿐이었습니다.

'좀 도와주지 ···. 그러면 다들 좀 더 빨리 내릴 수 있을 텐데.' 슈센은 조금 의아하게 생각했습니다.

시간이 좀 걸리긴 했지만 휠체어를 탄 여성은 혼자 힘으로 버스에서 내렸습니다. 그녀가 내리자 버스 기사는 다시 슬라이드 장치를 원위치로 돌렸습니다. 기다리던 사람들이 그제야 줄줄이 내리기 시작했습니다. 도와주는 사람도, 시간이 지체되었다고 짜증을 내는 사람도, 휠체어가 신기한 듯 구경하는 사람도 없었습니다. 단 한 명, 슈센을 제외하고는 말입니다. '버스에서 내릴 때 나는 5초가 걸리지만 휠체어를 탄 여성은 2분이 걸릴 뿐이다' 그들은 단지 이렇게 생각하는 것 같았습니다.

버스 안의 사람들은 장애가 있는 사람을 그저 다를 뿐이라고 생각했습니다. 불편해 하지도, 과잉된 친절을 베풀지도 않았습니다.

'2분'이라는 시간을 기꺼이 받아들이는 사람들의 모습은 글로벌 시티즌이 갖추어야 할 모습입니다.

우리는
못 살려고 태어난 것이 아니라
잘 살려고 태어났다
우리는 우리의 선함을 믿는다

티끌만큼 작을지라도,
우리는 저 위대한 우주의 한 부분이므로
모든 만물이 우리를 위해 움직인다

선한 우리가 간절히 원하는 것,
우리가 꿈꾸는 것을
포기하지 말고,
조금도 의심하지 말고,
믿고 행동하라

우주는 우리 편이다

월러스 워틀Wallace D. Wattles

착하게 산다면 누구나 행복에 이르지
스스로 행복해하고
마음의 조화를 이룰 수 있다면
누더기를 걸치든 보석을 휘감든
사랑이라는 능력이 살아 있는 한
세상은 언제나 좋은 세상, 올바른 세상

헤르만 헤세 Hermann Hesse

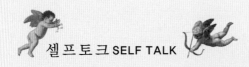

셀프토크 SELF TALK

다음 문항들을 읽고 체크해 보세요. 정답은 없습니다. 여기에서의 **O X**는 스스로에게 던지는 질문일 뿐입니다. 자기 자신에 대한 질문에는 '정답'이라는 것이 없습니다. 중요한 것은 스스로가 자신에 대해 묻고 자기 자신에 대해 얼마나 제대로 알고 있는가입니다. 이제 자기와의 대화를 천천히, 아주 천천히 나눠 보세요.

▨ 장애를 가진 사람들이 대중교통을 이용하면 일반인들이 불   O X
편해진다.

▨ 장애를 가진 사람들이 버스나 지하철을 타면 주변에서 적극   O X
적으로 도와주어야 한다.

▨ 버스에 슬라이드 장치가 있어서 휠체어를 탄 사람이 스스로   O X
타고 내릴 수는 있었지만, 시간이 지체되어 다른 승객들에게
피해를 주었다.

▨ 한국 사회에서 장애를 가진 사람들이 생활하는 데 큰 불편이   O X
없다고 생각한다.

▨ 내가 만약 학교의 책임자라면 장애가 있는 반 친구를 위해 ＿＿＿＿
할 것이다.

▨ 장애를 가진 사람들을 위해 한국 사회가 개선해야 할 점은 ＿＿＿＿이다.

▨ 내가 만약 장애를 가진 사람이라면 가장 필요로 할 것 같은 도움은 ＿＿
＿＿＿＿이다.

노블레스 오블리주를 실천하는 시민

부와 명예를 뒤로 한 채
나라를 위한 긴 여정을 떠나다. 석주 이상룡

1911년 음력 1월 어느 날, 안동의 명문가인 임청각은 칠흑 같은 어둠에 잠겨 있었습니다. 사방은 적막했습니다. 이따금씩 몰아치는 칼바람 소리만이 수백 년 된 기와집을 휘감고 있었습니다. 스산한 기운이 감도는 가운데, 사당 근처에서 소리없이 누군가가 나타났습니다. 50세는 족히 넘어 보이는 하얀 도포 차림의 남자였습니다. 남자는 무릎을 꿇더니 바닥에 머리를 갖다 대고는 나직한 목소리로 말했습니다.

"소자, 죽더라도 나라를 위해 죽을 것입니다. 그래서 저는 먼 곳으로 떠납니다. 빼앗긴 조국을 찾을 때까지는 이 땅에 돌아오지 않겠습니다."

석주 이상룡, 그는 갈기갈기 찢어진 태극기를 단단히 붙잡고 독립군을 공격해 오는 관동군 앞에 우뚝 서 있었다.

네 소원이 무엇이냐 하고 하느님이 물으시면 나는 서슴지 않고,
"내 소원은 대한 독립이오" 하고 대답할 것이다.
그 다음 소원은 무엇이냐 하면
나는 또, "우리나라의 독립이오" 할 것이오,
또 그 다음 소원이 무엇이냐 하는 세 번째 물음에도
나는 더욱 소리 높여서
"나의 소원은 우리나라 대한의 완전한 자주독립이오"
하고 대답할 것이다.

백범 김구

에르네스트 메소니에Ernest Meissonier, 프랑스 1815~1891, 〈파리 함락(1870~1871)〉, 1884년경
Oil on canvas, 53.5x70.5cm. Musée d'Orsay, Paris

남자의 목소리에 비장함이 묻어났습니다. 그는 뒷산인 영남산 기슭으로 가더니 땅을 파기 시작했습니다. 그리고 사당에 있던 조상의 위패들을 모두 그곳에 묻었습니다. 남자는 위패를 묻은 곳에다 큰절을 하더니 머리를 바닥에 대고 한참을 가만히 있었습니다. 남자의 어깨가 미세하게 들썩였습니다.

석주 이상룡(1858~1932). 그는 한국에서 가장 오래된 민가 임청각의 종손이었습니다. 이상룡은 높은 인격과 학식으로 영남을 대표해 온 유학자이자 재력가였습니다. 위의 일화는 그가 모든 부와 기득권을 버린 채 50여 가구를 이끌고 만주로 독립운동을 떠나던 날의 이야기입니다. 1900년대 초 일본의 침탈이 거세어지자 수만 냥의 기부금으로 가야산에 의병을 조직하는 등 맹렬히 항일운동을 해 온 그는 늘 일본의 감시 대상이었습니다. 그래서 그는 일본 경찰들이 눈치챌 수 없도록 야심한 밤에 홀로 먼 길을 떠나야만 했던 것입니다.

몇 주간 이상룡은 떠날 준비를 서둘렀습니다. 집안에 대대로 내려오던 많은 토지를 비롯해 전 재산을 극비리에 처분했습니다. 만주에 독립운동 기지를 건설할 자금을 마련하기 위해서였습니다. 노비 문서들은 모두 불태웠습니다. "너희들도 지금부터는 독립군이다"라며 노비들을 해방시켰습니다. 떠나기 전날에는 다시는 못 볼지도 모를 고향 사람들 모두를 초대해 잔치를 베풀었습니다. 잔치라고는 했지만 작별 인사를 하는 자리였기 때문에 모두들 연신 눈물을 훔치며 헤어져야만 하는 애달픈 현실을 안타까워했습니다.

"나라 잃은 것이 슬프기 그지 없어 자결도 할 수 있겠으나, 제 생명을 나라 되찾는 일에 바치기로 했습니다. 돌아와 다시 뵐 때까지 건강히 잘 계십시오."

이상룡은 가문의 어른들에게 작별 인사를 했습니다. 그리고 그 자리에 모인 젊은이들에게도 부탁을 했습니다.

"의로움과 목숨, 두 가지를 다 가질 수 없다면 의로움을 택하라."

나라가 없다면 개인도 가문도 무의미하다며 조상의 위패를 땅속에 묻고 떠나는 것은 뿌리 깊은 명문가 임청각의 종손에게도 파격적인 행보였습니다.

아직 어둠이 채 걷히지 않은 새벽이었습니다. 이상룡은 뒷문으로 조용히 임청각을 빠져나갔습니다. 그리고 3주 후인 1월 27일, 일본 경찰의 감시를 뚫고 뒤따라 온 가족들과 이상룡은 신의주에서 만났습니다. 그들은 살을 에는 바람을 맞으며 얼어붙은 압록강을 건너 만주로 향했습니다.

석주 이상룡은 만주에서 21년간 눈부신 활약을 펼쳤습니다. 1911년 4월, 수십만 명의 동포들을 경제적으로 자립시키기 위해 자치기구인 경학사를 설립했습니다. 동포들이 먹고 사는 문제를 해결해 주자는 것이 그의 첫 번째 계획이었습니다. 곧이어 이회영 같은 동지들과 함께 신흥무관학교를 설립했습니다. 신흥무관학교는 후에 3천여 명 이상의 독립군을 배출했습니다. 거의 모든 독립군들과 그들을 이끈 장군들이 신흥무관학교 출신이었습니다. 1925년 석주 이상룡은 상해 임시정부의 초대 국무령(지금의 대통령)을 역임하였고, 1932년 만주에서 별세했습니다.

이상룡이 유언처럼 남긴 말은 오늘날에도 큰 울림을 주고 있습니다. 수십 년간 목숨을 다해 싸웠는데도 일본은 날이 갈수록 악독해지고 강력해져 나라의 독립이 더욱 불가능해 보였습니다. 그러던 중 이상룡은 자신의 병상을 둘러싸고 있던 사람들에게 이렇게 말합니다.

"우리가 소중히 해야 할 것은 진실뿐이라네. 진정으로 성실하게 살았다면 목적이 달성되든 안 되든 염려할 필요가 있겠는가."

자신의 신념대로 진실과 성실을 다해 싸웠다면 그것이 바로 승리라는 의미였습니다. 수십 년에 걸쳐 나라를 되찾는 일에 온 힘을 쏟았던 이상룡은 전 재산을 털어 의병 기지 구축, 애국계몽운동, 무력투쟁 등 조국 독립을 위한 것이라면 무엇이든 했습니다. 이상룡이 세운 경학사나 신흥무관학교가 없었다면 우리의 역사는 과연 어떻게 변했을까요.

석주 이상룡은 노블레스 오블리주Noblesse oblige를 실천하는 삶을 살았습니다. 오늘날 임청각은 석주 이상룡을 비롯해 3대에 걸쳐 9명의 독립 유공자를 배출한 현충시설로 지정되었습니다. 석주 이상룡의 삶은 앞으로도 우리 민족에게 애국혼과 진정성을 일깨워 주는 횃불이 될 것입니다. 석주 이상룡, 그가 오늘날의 우리들에게 말합니다.

"너만의 강을 찾으라. 그리고 그 강을 건너라."

'고귀하게 태어난 사람은 고귀하게 행동해야 한다.'라는 뜻의 노블레스 오블리주는 과거 로마제국 귀족들의 불문율이었다. 귀족들은 '자신들이 노예와 다른 점은 단지 신분만이 아니라 사회적 의무를 실천할 수 있다는 사실이다'라고 생각할 만큼 노블레스 오블리주 실천에 자부심을 갖고 있었다. 로마 공화정 초기의 귀족들은 솔선하여 명장 한니발을 앞세운 카르타고와 벌인 포에니 전쟁에 참여하였다. 바로 이 16년간의 제2차 포에니 전쟁 중에는 13명의 집정관(Consul)이 전사하였다. 집정관은 선거를 통해 선출된 고위공직자로 귀족계급을 대표하며, 로마의 관리 중에서 가장 높은 관리였다.

고대 로마의 노블레스 오블리주 전통은 미국에도 전승되어, 미국 법령에 제안자의 이름이 들어가 '매케인–파인골드 법(McCain–Feingold Act)'같이 법률 명칭을 부른다든가, 철강왕 앤드류 카네기가 세운 카네기 멜론 대학교, 은행가 존스 홉킨스가 세운 존스 홉킨스 대학교식으로 설립자의 이름을 붙인 대학교 등이 현재 미국에 존재한다. 중요한 점은 공동체를 위해 자기 자신의 특권적 지위를 포기하고 희생한 사람만이 자신의 특권을 공동체의 이름으로 인정했다는 사실이다. 석주 이상룡도 양반의 신분으로 자신의 엄청난 재산을 포기하고 조선 독립을 위해, 자신뿐만 아니라 그 집안 모두를 온전히 던져 희생했던 것이다.

프레드릭 칠드 하삼Frederick Childe Hassam, 미국 1859~1935, 〈동맹의 날, 1917년 5월〉, 1917
Oil on canvas, 92.7x76.8cm. National Gallery of Art, Washington

"노블레스 오블리주-고귀하게 태어난 사람은 고귀하게 행동해야 한다."
여기에서의 고귀한 행동은 특권을 누리는 것을 뜻하지 않고
자발적인 자기희생을 의미할 뿐이다

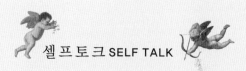

셀프토크 SELF TALK

다음 문항들을 읽고 체크해 보세요. 정답은 없습니다. 여기에서의 **O X** 는 스스로에게 던지는 질문일 뿐입니다. 자기 자신에 대한 질문에는 '정답'이라는 것이 없습니다. 중요한 것은 스스로가 자신에 대해 묻고 자기 자신에 대해 얼마나 제대로 알고 있는가입니다. 이제 자기와의 대화를 천천히, 아주 천천히 나눠 보세요.

- ❂ 석주 이상룡의 애국혼은 높이 살 만하지만, 현실적으로 보자 **O X** 면 그의 선택은 달걀로 바위 치기처럼 어리석다.

- ▦ 이상룡의 애국 활동에 관해서는 별로 알려진 바도 없을 뿐더 **O X** 러, 자신의 애국심 때문에 가장을 잃은 가족들이 불행을 겪는 것은 오늘날의 기준에는 적합하지 않을 수 있다.

- ▦ 일본이 역사를 부정하고 침략 행위를 정당화하고 있는 모습 **O X** 을 보면서 우리의 역사를 잘 알고 있어야겠다는 생각이 든다. 학교에서는 이상룡과 같은 인물들의 행적을 중요하게 다뤄야 한다.

인생에서 중요한 것은
우리가 살았다는 사실이 아닙니다
우리가 다른 사람들의 삶에
어떤 변화를 만들었는지가 중요합니다

넬슨 만델라Nelson Mandela

- 재산이 많고 학식이 높을수록 자기를 희생하여 모두를 이롭 ⒪ⓧ
  게 하는 것은 20세기에나 통했던 것이다. 요즘에는 그런 사
  람이 없다.

- 자신의 역할에 최선을 다하다 보면 그 노력이 모이고 모여 ⒪ⓧ
  결국에는 사회가 바뀔 것이다.

- 내가 이상룡이라면 ＿＿＿＿＿＿＿＿했을 것이다.

- 미국, 중국, 일본, 러시아의 관계 사이에서 고전하고 있는 대한민국
  의 안전과 평화를 위해 내가 할 수 있는 행동은 ＿＿＿＿＿＿하는 것
  과 ＿＿＿＿＿＿하는 것이다.

의무, 명예, 그리고 조국

신성하고도 경건한 이 세 단어는 해야 할 것, 할 수 있는 것, 되어야 하는 것을 가리키고 있습니다. 세 단어 안에서 우리는 용기를 얻고, 거의 바닥난 신념을 회복할 수 있고, 희박해져 가는 희망을 되살려 낼 수 있습니다.

(…)

이 신성한 세 단어는 인간 성품의 근간을 만들어 줍니다. 여러분에게 미래에 국가를 지킬 사람이라는 역할을 부여해 줍니다. 약해지면 강해지게 해 주고, 두려울 때면 용기를 갖게 해 줍니다. 정정당당히 승부했다면 실패했더라도 굽히지 않도록, 성공했다면 겸손하게 행동하도록 해 줍니다.

말로 행동을 대신하지 않도록, 편안한 길만을 선택하지 않도록, 그렇지만 스트레스가 극심할 때나 도전을 해야 할 순간에는 박차를 가하도록 해 줍니다. 폭풍이 휘몰아쳐도 그것을 견뎌내는 방법을 배우도록 해 주고, 낙오된 이들에게는 연민의 감정을 품을 수 있도록 해 줍니다. 순수한 마음을 가지도록, 드높은 목표를 가지도록 해 줍니다.

흘렸던 눈물은 잊지 않되 웃을 수 있도록 해 줍니다. 과거를 결코 잊지는 않으면서 미래에 도달할 수 있도록 해 주고, 너무 심각하지는 않되, 그래도 진중해야 한다는 사실을 배우도록 해 줍니다. 진정한 위대함은 겸손해지는 것이라는 이 단순한 사실을, 진정한 지혜는 열려 있는 마음이라는 것을, 진정한 힘은 온화함이라는 것을 잊지 않도록 해 줍니다.

이것들은 경이로움, 결코 사라지지 않을 희망, 삶의 즐거움과 영감을 만들어 내도록 해 줍니다. 여러분이 장교가 되도록, 신사가 되도록 해 줍니다.

더글러스 맥아더 Douglas MacArthur

Lesson 05
중심에 서기

LEADER
내 안에 리더가 있습니다

나의 성품이 나의 경쟁력입니다
나의 말이 나의 품격입니다
'나 공화국'에는 금지언어와 권장언어가 있습니다
한 달에 하루는 나를 성찰하는 날입니다

1톤ton의 지식보다
1그램gram의 실천이 더 가치 있다

마하트마 간디|Mahatma Gandhi

윌리엄 마이클 하넷William Michael Harnett, 미국 1848~1892, 〈나의 보물〉, 1888
Oil on wood, 45.7x35cm. National Gallery of Art, Washington

참다운 승리는 남보다 많은 득점을 올리는 것이 아니다. 물론 득점을 많이 하면 좋다. 그러나 더욱 중요한 것은 스스로 최선을 다했다는 것, 멋지게 게임을 했다는 것을 스스로 인정하는 일, 그리고 그때 맛보는 진실하고 깊은 자기만족이다.

에드가르 드가Edgar Degas, 프랑스 1834~1917, 〈스타〉, 1878년경
Pastel on monotype, 60x44cm. Musée d'Orsay, Paris

나의 성품이 나의 경쟁력입니다

성품을 코치하고 승리를 선물하다. 존 우든

농구 코치 존 우든John Wooden은 살아 있는 전설입니다. 그에게는 아직 그 누구도 깨지 못한 여섯 개의 신기록이 있습니다. 88개 게임에서 연속 승리, NCAA 챔피언 10회 등극, NCAA 7년 연속 우승, NCAA 토너먼트 38연승, 시즌 통산 무패 기록 4회, PAC 8개 챔피언 석권 등입니다. 그는 코치 생활을 해 온 지난 40년 동안 총 905승 205패로 승률 81.5%를 기록했습니다. 그야말로 기적의 기록입니다.

우든의 명성은 하늘을 찌르고 있습니다. 선수로서 한 번, 코치로서 한 번, 총 두 번이나 미국 농구 명예의 전당에 오른 인물은 우든과 레니 윌킨스Lenny Wilkens 두 사람뿐입니다. 우든은 대학 농구 올해의 코치에 일곱 번이나 선정되었습니다. 모두 열거하기가 어려울

만큼 언론 기관, 봉사 기관, 그리고 종교 단체로부터 올해의 인물로 선정되었습니다.

존 우든은 27년 동안 했던 모든 시합의 내용과 연습을 시간별로 기록한 노트를 아직도 가지고 있습니다. 그는 경기에서 이기고 지는 것은 기술보다는 성품에 달렸다고 강조하면서 다음과 같이 말하고 있습니다.

"승리란 남보다 많은 득점을 올리는 것이 아니다. 참다운 승리는 스스로 최선을 다했다는 것을 인정할 수 있을 때 맛보는 자기만족이다. 그러한 자기만족으로부터 마음의 평화를 얻는 것이 승리인 것이다. 그것은 혼자서 결정하지 않으면 안 되는 문제다."

존 우든은 소박한 아파트에서 노후 생활을 하며 사별한 지 20년도 넘는 아내 넬리Nellie에게 매일 한 통씩 러브 레터를 썼습니다. 그 어떤 트로피나 기념비보다 매일 한 통씩 러브 레터를 썼다는 사실만으로도 그의 성품을 짐작할 수 있습니다.

우든은 어떻게 해서 이러한 성품을 가지게 되었고, 전설이 되었을까요? 우든이 초등학교를 막 졸업했을 때입니다. 우든의 아버지는 그에게 '행운의 2달러 지폐' 한 장과 작은 축하 카드를 주었습니

너 자신에게 진실해라

매일 너만의 명작(Master-piece)을

하나씩 만들어라

가까이 있는 사람에게 잘해라

그도 자신의 명작을 만들 수 있도록 도와 주어라

좋은 책을, 가까이 두고, 깊게 읽어라

케르 자비에 루셀Ker-Xavier Roussel, 프랑스 1867~1944, 〈테라스〉, 1892
Oil on canvas, 36x75cm. Musée d'Orsay, Paris

다. 축하 카드에는 매일 매일 실천해야 할 일곱 가지 생활 신조가 적혀 있었습니다. 아버지의 선물을 받은 지 80년이 지난 뒤에도 우 든은 그 카드에 적혀 있는 사람이 되기 위해 자기와의 싸움을 계속 했습니다. 그 결과 국민 코치가 될 수 있었던 것입니다. 카드에 적 혀 있던 일곱 가지 생활 신조는 다음과 같습니다.

너 자신에게 진실해라

매일 너만의 명작(Master piece)을 하나씩 만들어라.

남을 도와주어라.

좋은 책을, 특히 성경을 깊게 읽어라.

친구와의 우정을 예술로 승화시켜라.

비가 올 날을 대비해 대피소를 만들어 두어라.

네가 받은 축복을 매일 헤아리고 주님께 감사드려라.

우든은 일생 동안 일곱 가지 신조를 지키기 위해 노력했습니다. 우든은 우승을 하겠다거나, 국가대표 선수가 되겠다거나, 혹은 명 예의 전당에 오르겠다는 식의 목표는 세우지 않았습니다. 단지 아 버지가 일러 준 일곱 가지 신조를 지켜 나가기로 자기와 약속을 했을 뿐입니다. 그리고 자기와의 약속을 지켜나가는 데 가장 적합하다고 보았기 때문에 농구 코치가 된 것이었습니다.

우든은 일곱 가지 신조를 실천해 나가면서 코치 생활을 통하여 얻은 삶의 지혜들을 체계화해 '성품 피라미드'를 만들었습니다. '성품 피라미드'는 게임을 승리로 이끄는 우든만의 로드 맵입니다. 이 로드 맵으로 우든은 수많은 스타 군단을 만들어 냈습니다. 피라미드의 각 블록은 우든이 무수한 승부의 고비를 넘으며 터득한 교훈들을 토대로 선정한 것입니다. 각 블록의 위치와 블록 간 상호 결합 관계는 아주 중요한 의미가 있습니다. 바닥에는 주춧돌들이 자리를 잡고 있고, 위로 올라갈수록 기둥들과 버팀목들이 배치되어 있습니다. 이렇게 쌓아 올리다 보면 성공이라는 정점에 도달하는 것입니다.

우든은 매년 선수들이 연습에 들어가기 전마다 약 2주에 걸쳐 이 로드 맵의 참된 의미를 되새기게 했습니다. 그러면서 그것이 선수 개인과 팀에 어떻게 적용되어야 하는지를 스스로 깨우치도록 했습니다. 선수들은 대체로 처음에 우든의 로드 맵의 진정한 가치를 몰랐습니다. 하지만 NBA 스타로 성장하고 명예의 전당에 오른 다음에는 자신이 성공하기까지 로드 맵이 얼마나 중요했는지를 깨달았고, 그래서 우든에게 머리 숙여 감사를 표했습니다.

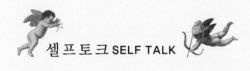

셀프토크 SELF TALK

나는 세상의 중심에 서고자 한다. 세계 무대의 중심에 서서 나만의 가치를 실현하여 이 시대를 살아가는 글로벌 시티즌들을 위해 작은 보탬이 되고 싶다. 그러려면 비전, 창의력, 그리고 그것을 담을 수 있는 그릇, 즉 성품과 덕목들이 필요할 것이다. 존 우든처럼 성품 피라미드를 내 나름대로 만들어 보고 나라는 사람의 컬러를 완성할 것이다.

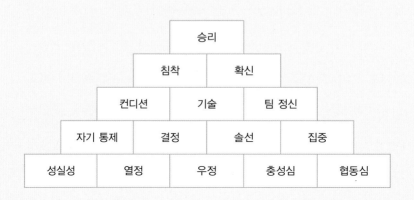

나의 말이 나의 품격입니다

우리는 언제나 우리가 하는 말로
평가받으며 살아가는 존재다

거지 행색을 한 젊은이가 미국 필라델피아 거리를 걷고 있었습니다. 그는 큰 꿈을 가지고 미국으로 왔지만, 사업은 완전히 실패했습니다. 그래서 먹고 살길이라도 마련해야겠다는 생각으로 일자리를 구하러 다니고 있었습니다. 하염없이 길을 걷던 젊은이가 걸음을 멈춘 곳은, 폴 기번스Paul Gibbons라는 사업가의 사무실 앞이었습니다.

젊은이는 경비원에게 사장을 만나 면접을 보고 싶다고 말했습니다. 경비원은 그의 행색을 비웃으며 내쫓았습니다. 사장을 꼭 만나야겠다는 젊은이와 경비원 사이에 실랑이가 벌어져 회사 입구는 소란해졌습니다. 때마침 그곳을 지나던 기번스가 다가왔습니다. 자초

지종을 들은 기번스는 젊은이를 의구심 가득한 눈으로 바라보았습니다. 기번스는 호기심 반, 동정심 반으로 면접을 허락했습니다. 잠시 이야기를 들어 본 뒤 내보낼 작정이었습니다.

그렇지만 젊은이가 이야기를 시작하자 기번스의 자세는 조금씩 다소곳해지기 시작했고, 경멸과 냉소로 가득했던 시선은 놀라움과 존경심으로 바뀌고 있었습니다. 말투 역시 정중하게 변했습니다. 기번스는 로랜드 테일러Roland Tailor에게 전화를 걸었습니다. 로랜드 테일러는 필라델피아에서 가장 유력한 금융업자였습니다. 기번스의 전화를 받은 테일러는 젊은이를 점심 식사에 초대했고, 그 자리에서 자기 회사에 취직을 시켜 주었을 뿐만 아니라, 젊은이에게 아주 중요한 직책을 맡겼습니다.

엄청난 실패로 부랑자가 되었던 젊은이가 순식간에 취직할 수 있었던 이유는 무엇일까요? 거기에는 과연 어떤 비결이 숨어 있었던 걸까요?

비결은 말의 품격이었습니다. 후에 기번스가 회상하길 '그의 말을 듣고 있노라면 흙투성이 구두, 남루한 외투, 그리고 면도하지 않은 지저분한 얼굴 따위는 어느새 보이지도 않는다. 무언가에 홀린 듯, 격조 높은 말들이 흘러 나오고 있는 그의 입만 바라보게 된다'

폴 세잔Paul Cézanne, 프랑스 1839~1906, 〈변호사(도미니크 삼촌)〉, 1866
Oil on canvas, 65x54cm. Musée d'Orsay, Paris

말을 잘하려면 지성이 필요합니다

그러나 지성보다 더욱 중요한 것은

품격과 태도입니다

우리는 말만 듣는 것이 아닙니다

말과, 말하는 사람의 사람됨을 함께 듣습니다

훌륭한 품격, 그리고 진정성 있는 태도는

말하는 사람의 사람됨을 나타내는 멋진 의상입니다

라고 했습니다.

기번스와 테일러는 젊은이가 영국 옥스퍼드 대학 출신이라는 것을 알게 되었습니다. 하지만 젊은이의 학력이 기번스의 마음을 움직인 것은 결코 아니었습니다. 기번스와 테일러는 말 속에 녹아 있는 젊은이의 품격을 알아본 것입니다.

생면부지의 사람을 말 하나로 사로잡아 인생을 바꾼 젊은이의 이야기는 특별한 사례이기는 합니다. 하지만 우리는 언제나 우리가 하는 말로 평가받으며 살아가는 존재임을 잘 보여 주는 사례입니다. 외모, 옷차림, 그리고 학력과 관계없이 품위가 넘치면서도 센스가 있는 말, 그것이 세계의 중심 무대로 올라서는 계단이 되어 줄 것입니다. 물론 품위와 교양 없이 말만 잘하는 것은 해당되지 않습니다. 품위와 교양을 갖추지 않고서 말만 잘하는 것은 나락으로 내려가는 계단이 될 것입니다.

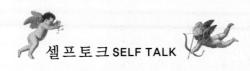
셀프토크 SELF TALK

다음 문항들을 읽고 체크해 보세요. 정답은 없습니다. 여기에서의 **O** **X** 는 스스로에게 던지는 질문일 뿐입니다. 자기 자신에 대한 질문에는 '정답'이라는 것이 없습니다. 중요한 것은 스스로가 자신에 대해 묻고 자기 자신에 대해 얼마나 제대로 알고 있는가입니다. 이제 자기와의 대화를 천천히, 아주 천천히 나눠 보세요.

- 옥스퍼드 대학이라면 말을 잘하는가의 여부와 상관없이 무 **O** **X** 조건 졸업장만 내밀어도 취직이 되었을 것이다. 취직이 되는 데 있어 말은 중요한 요인이 아니었을 것이다.

- 말로 자기를 나타내는 사람보다는 묵묵히 행동으로 보여 주 **O** **X** 는 사람이 더 좋다. 말에 신경을 쓸 시간이 있다면 차라리 다른 공부를 해서 스펙을 더 쌓겠다.

- 말이 곧 운명이다. 아무리 아는 것이 많고 기술이 뛰어나도 **O** **X** 그것을 말로 표현하지 못하면 빛을 볼 수 없다. 나도 격조 높고 유창하게 말하는 사람이 되고 싶다.

- 젊은이의 행색이 형편없었는데도 그의 품격을 알아본 사업가들이 더 멋있어 보인다. 나도 앞으로 사람을 평가할 때 그 사람의 외모보다 ＿＿＿＿＿과 ＿＿＿＿＿에 더 중점을 두고서 보아야겠다.

젊은이들이여 (……) 배워라, 그대의 격한 노래를 잊어버리는 법을
그것은 아무짝에도 소용없는 것
진리 안에서 노래하는 것은 다른 숨결이다
아무것도 바라지 않는 숨결, 신 안에 불고 있는, 바람
라이너 마리아 릴케Rainer Maria Rilke, 〈오르페우스에게 부치는 소네트〉

모리스 드니Maurice Denis, 프랑스 1870-1943, 〈뮤즈〉, 1893
Oil on canvas, 171.5x137.5cm. Musée d'Orsay, Paris

'나 공화국'에는
금지언어와 권장언어가 있습니다

나는 '나 공화국'의 대통령입니다. 나는 '나 공화국' 안에서 다음의 목록에 들어 있는 말들을 사용하지 않기로 합니다. 그 말들은 나를 정직하지 않고 용기 없는, 불성실하고 무책임하며 무식한 사람이 되게 하고, 사람들에게 상처를 주며 소통을 불가능하게 하고 배려와 관용을 모르는 삶을 살게 합니다. 그래서 결국 '나 공화국'을 만드는 데 있어 최대의 장애가 됩니다.

따라서 오늘부터 나는 다음과 같은 말들을 사용하지 않겠습니다.

벌컥 소리를 지르며 화를 내는 말

비난, 흉, 험담, 모함

자기 자랑을 늘어놓는 말

남의 말을 가로채는 말

"그런 거 신경 안 써"

"졸라"

곤혹스럽게 하는 말

인종차별적 비난이나 조롱

사람들의 약점이나 상처, 잘못을 지적하는 말

상대방의 외모나 신체적 특징을 웃음거리로 삼는 말

다른 사람들에게 잘나 보이기 위해 거짓으로 포장하고 과장하는 말

상대를 난처하게 하고 굴욕을 주는 말

사람들을 속이는 말

상대방 또는 제3자에 대한 배려가 없는 말

상대방을 낙심하게 만드는 말

힘, 지식, 기술 또는 돈으로 압력을 가하는 말

아는 체, 있는 체, 안 그런 체하는 말

불평하고 투덜거리고 칭얼대는 말

성차별 하는 말

'나 공화국'의 대통령인 나는 '나 공화국' 안에서 다음의 목록에 들어 있는 말들을 매일 한 번 이상 사용하기로 합니다. 그 말들은 나를 정직하고 용기 있고 성실하고 책임감 있으며 품격 있는 사람이 되게 합니다. 또 사람들의 상처를 치유하며 소통을 가능하게 하고 배려와 관용을 실천하는 삶을 살게 합니다. 그래서 결국 '나 공화국'의 미래를 창조하는 데 있어 최대의 강점이 됩니다.

따라서 오늘부터 나는 다음과 같은 말들을 꼭 사용하겠습니다.

우정과 신뢰를 전하는 말

가까이 다가가는 말

이해와 공감을 전하는 말

진심으로 고마움을 전하는 말

찬성하고 지지하는 말

축하하고 칭찬하는 말

상대방의 좋은 점이나 상대가 잘한 일을 알려 주는 말

다른 사람의 능력이나 잠재력을 인정하는 말

상대방에게 관심을 보이는 말

용기를 북돋아 주는 말

사과하는 말, 용서를 구하는 말

반가움을 나타내는 말

미소 짓게 하는 말

축하하고 함께 기뻐하는 말

상대방에게 존경을 표하는 말

축하하고 응원해 주는 말

위로하고 격려해 주는 말

상대방을 편안하게 해주는 말

상냥하고 친절한 말

화해를 전하는 말, 관계를 개선하는 말

나는 이런 말만 하고 싶습니다
우정과 신뢰를 전하는 말
진심으로 고마움을 전하는 말
용기를 북돋아 주는 말
미소 짓게 하는 말
싸움과 경쟁을 위한 말이 아니라
사랑과 화해를 위한 말
나를 품격 있는 사람으로 만들어 주는 말
하지만 벗이여 내가 이런 말을 하지 않더라도, 믿어 주시오
내가 이런 말을 하고 싶어 하는 사람이라는 것을

빈센트 반 고흐Vincent van Gogh, 네덜란드 1853~1890, 〈오베르-쉬르-우아즈의 교회〉, 1890
Oil on canvas, 94x74cm. Musée d'Orsay, Paris

한 달에 하루는
나를 성찰하는 날입니다

1920년경, 한 남자가 실질적으로 미국을 이끌어 가고 있는, 가장 영향력 있는 사람 500명을 선정해서 명단을 만들었습니다. 명단에는 코닥 필름의 창업자인 이스트만George Eastman, 질레트 면도기의 창업자인 질레트King Gillette, 발명왕인 에디슨T. A. Edison, 미국 제26대 대통령인 루스벨트Theodore Roosevelt, 제28대 대통령인 윌슨Woodrow Wilson, 식물학자인 버뱅크Luther Burbank, 벨 텔레폰의 창업자이자 전화기 발명자인 벨A. G. Bell, 제너럴 일렉트릭 사의 반스E.C. Barnes 같은 이들이 포함되었습니다.

남자는 명단에 있는 사람들이 보통 사람들과 어떻게 다른지 알아보기 위해 그들의 생활을 관찰해 보기로 했습니다. 그 결과 다음과 같은 사실을 알아냈습니다. 그들 모두 무엇을 행동으로 옮기기 전에 목표를 설정하고 계획을 세우는 일에 충분한 시간을 할애했다는 것입니다. 그리고 목표를 달성하기 위해 자기를 성찰하는 시간을 충분히 가졌다는 것입니다.

명단에 오른 사람들처럼 당신도 자기 본연의 모습을 수시로 확인해 봐야 합니다. 이상적인 자아상을 마음속에 새겨야 합니다. 그러기 위해서는 자기를 확인하는 시간과 날짜를 구체적으로 정해 놓는 것이 좋습니다. 이상적 자아와 현재의 자아를 점검해 볼 시간과 날짜를 아래의 빈칸에 적어 보십시오. 자신과의 약속을 꼭 지키겠다고 다짐하고서 문장을 완성하십시오.

나와의 약속

나는 매월 ....마다 ....에서

오직 혼자만 있는 시간,
이 책을 재검토하며 나를 보완할 것이다.

............년 ....월 ....일
............에서
이름 ....

자신이 되고 싶은 모습의 그림을
마음 속에 선명하게 그리세요

이상적인 자아상을 마음에 새기고
자기 본연의 모습을 수시로 확인하세요

좋은 인성을 갖추는 데 있어
가장 중요한 토대는
자기 성찰입니다.

조르주 라 투르Georges de La Tour, 프랑스 1593~1652 〈회개하는 마리아 막달레나(막달레나 파비우스)〉, 1635~1640
Oil on canvas, 113x92.7cm. National Gallery of Art, Washington

Epilogue 세상엔 나 혼자만 살고 있는 게 아니라는 것을

경제성장만이 목표였던 시절,

먹고 사는 문제 해결이 가장 시급했던 시절,

부모들은 자녀를 타박하곤 했습니다.

남에게 당하고 살지 말라고…….

빠른 속도로 경제를 성장시킨 한국을 보며

전 세계는 놀랐습니다.

당장 먹고 사는 문제가 어느 정도 해결되고 나자

부모들은 자녀를 훈계하곤 했습니다.

남에게 피해를 주어서는 안 된다고…….

글로벌 시대가 도래하고

전 세계는 마치 한마을처럼 가까워졌습니다.

어려움에 빠져 있는 친구를 외면하는 사람,

그런 사람들은 글로벌 시민사회의 구성원으로 적합하지 않다고,

모두 글로벌 시티즌의 모습으로 거듭나야 한다고 믿는 사람들이

아주 많아졌습니다.

나의 성취와 행복을 위해서는

너의 평온, 너의 성공,

그리고 모두의 미소가 필수적이라는 것을,

지식, 재능, 기술, 관리, 감각, 정보, 뚝심, 끈기, 재치,

목표, 지략, 최고를 지향하는 것만으로는 충분치가 않다는 것을

이제 우리는 알아야 합니다.

스스로 참여하고

누군가를 차별하거나 배척하지 않고

서로 도우며 지킬 것은 지키고

열린 마음으로 대화하고

불의에 저항하고, 주저 없이 뛰어들고

존중하는 마음을 가지고 타인을 배려하며

소신 있게 의견을 밝히는 것,

이러한 덕목들이 더욱 중요해졌습니다.

나를 위한 비전, 성공, 건강도 좋습니다

그러나 이것만은 알아 두세요.

세상엔 나 혼자만 살고 있는 게 아니라는 것을…….

모두가 함께 살아가는 이 세상 속의 질서를 이해하고 노력해야만

모두는 발전할 수 있습니다.

그리고 그것은 훗날 나에게 되돌아올 것입니다.

이러한 이 시대의 흐름에 당신도 동참하세요.

그런 마음으로 이 책을 만들었습니다.

클로드 모네Claude Monet, 프랑스 1840~1926, 〈아르장퇴유의 보트 경주〉,1872
Oil on canvas, 48x74cm. Musée d'Orsay, Paris 그림 286~287p

참 고 자 료

Prologue

바바라 루이스, 너는 무엇을 위해 살래?, 한언, 1998

Lesson 01 PRIDE

이원설 외, Vision in Jesus, 생명의 말씀사, 2005

조엘 오스틴, 긍정의 힘, 두란노, 2005

강헌구, Mom CEO, 쌤앤파커스, 2006

Natalie H. Rogers, The New Talk Power, 2000. pp.245~260

William J. Benett, The Moral, Compass, 1995. pp.657

Goodreads, Charles R. Swindoll (https://www.goodreads.com/.../5139.Charles_
R_Swindoll)

Notable Quotes, Mahatma Gandhi (https://notable-quotes.com/g/gandhi_
mahatma.html)

Good Reads, Pablo Casals (https://www.goodreads.com/.../198277.Pablo_Casals)

위키피디아 Virginia Satir (https://en.wikipedia.org/wiki/Virginia_Satir)

Guru Dictionary, Ceanne DeRohan (https://www.gurudictionary.com/quotes/.../
  ceanne_derohan/...)

Lesson 02 COLOR

이원설-문영식, 21세기를 향한 비전과 리더십, 1995. pp.163~165

경인일보, 아름다운 철도원 김행균의 상처와 믿음, 2013년 06월 25일자

참교육기획, 개 초상에 모인 선비들, 유원, 1995

미셸 보봐, 도덕지능, 한언, 2004

바바라 루이스, 너는 무엇을 위해 살래?, 한언, 1998

참교육기획, 벌거벗은 처칠, 유원, 1999

Brain Candy, 'Everybody, Somebody, Anybody, And Nobody'

(http://corsinet.com/braincandy/hlife.html)

Lesson 03 FRIEND

미셸 보봐, 도덕지능, 한언, 2004

잭 캔필드 외, 쓰러지지 않는 영혼을 위한 닭고기 스프, 해냄, 2001

참교육기획, 벌거벗은 처칠, 유원, 1999

강헌구, 아들아, 머뭇거리기에는 인생이 너무 짧다. 비전 편, 한언, 2000

죠르주 상드 외, 희망을 안겨주는 삶 이야기, 백암, 1998

이창범, 서양사의 에피소드, 백양출판사, 1999

Lesson 04 GLOBAL PASSPORT

이원설 외, Vision in Jesus, 생명의 말씀사, 2005

강헌구, 민주시민 한언, 2007

한국 브리태니커 온라인 '이문옥: 화제의 인물: 세계 연감 1997'

존 K 브릴하트 외, 열려라 토의, 한언, 2004

강헌구, 민주시민 한언, 2007

William J. Benett, The Moral, Compass, 1995

이상룡 네이버캐스트 (http://navercast.naver.com/contents.
  nhn?rid=129&contents_id=5405)

사이버외교사절단 반크 (https://prkorea.com/start.html)

Lesson 05 LEADER

강헌구, 아들아, 머뭇거리기에는 인생이 너무 짧다. 커뮤니케이션 편, 한언, 2000

할 어반, 긍정적인 말의 힘, 웅진윙스, 2004. pp.112~133

강헌구, 아들아, 머뭇거리기에는 인생이 너무 짧다. 비전 편, 한언, 2000

위키피디아 John Wooden (https://en.wikipedia.org/wiki/John_Wooden)

색 인

292

Oil on canvas, 161x192cm. Musée d'Orsay, Paris.   94~95p

〈아버지 필립왕에게 위협받는 알렉산더 대왕〉, 1700~1705.

Oil on canvas, 129.7x97cm. National Gallery of Art, Washington.　169p

E

에드가르 드가Edgar Degas, 프랑스 1834~1917.

〈창 앞의 무희 (사진작가 스튜디오의 무희)〉, 1877년경.

Oil on canvas, 65x50cm. Pushkin Museum, Moscow, Russia.　130p

〈스타〉, 1878년경.

Pastel on monotype, 60x44cm. Musée d'Orsay, Paris.　262p

에두아르 마네douard Manet, 프랑스 1832~1883.

〈오페라 극장에서의 가면 무도회〉, 1873.

Oil on canvas, 59.1x72.5cm. National Gallery of Art, Washington.　82~83p

에르네스트 메소니에Ernest Meissonier, 프랑스 1815~1891.

〈파리 함락(1870~1871)〉, 1884년경.

Oil on canvas, 53.5x70.5cm. Musée d'Orsay, Paris.　248p

F

프레드릭 칠드 하삼Frederick Childe Hassam, 미국 1859~1935.

〈동맹의 날, 1917년 5월〉, 1917.

Oil on canvas, 92.7x76.8cm. National Gallery of Art, Washington.　253p

G

조르주 라 투르Georges de La Tour, 프랑스 1593~1652.

〈회개하는 마리아 막달레나(막달레나 파비우스)〉, 1635~1640.

Oil on canvas, 113x92.7cm. National Gallery of Art, Washington.   282~283p

조반니 바티스타 티에폴로Giovanni Battista Tiepolo, 베네치아 1696~1770.

〈병사들에게 연설하는 제노비아 여왕〉, 1725~1730.

Oil on canvas, 261.4×365.8cm. National Gallery of Art, Washington.   92p

구스타프 클림트Gustav Klimt, 오스트리아 1862~1918.

〈처녀〉, 1913.

Oil on canvas, 200x190cm. Národní galerie v Praze.   87p

귀스타브 카유보트Gustave Caillebotte, 프랑스 1848~1894.

〈유럽의 다리〉, 1876.

Oil on canvas, 105x131cm. Kimbell Art Museum, Fort Worth, Texas.   102~103p

H

오노레 도미에Honoré Daumier, 프랑스 1808~1879.

〈조언을 듣는 젊은 화가〉, 1860.

Oil on canvas, 41x33cm. National Gallery of Art, Washington.   37p

〈빨래하는 여인〉, 1860년경.

Oil on panel, 49×33.5cm. Musée d'Orsay, Paris.   66p

J

자크 루이 다비드Jacques Louis David, 프랑스 1748~1825.

〈서재에 있는 나폴레옹〉, 1812.

Oil on canvas, 204x125cm. National Gallery of Art, Washington.   77p

얀 스테인Jan Steen, 네덜란드 1625/26~1679.

〈춤추는 남녀〉, 1663.

Oil on canvas, 102.5×142.5cm. National Gallery of Art, Washington.　62~63p

장 밥티스트 카미유 코로Jean Baptiste Camille Corot, 프랑스 1796~1875.

〈코로의 아틀리에〉, 1865.

Oil on canvas, 56×46cm. Musée d'Orsay, Paris.　45p

장 밥티스트 시메옹 샤르댕Jean Baptiste Siméon Chardin, 프랑스 1699~1779.

〈세심한 간호원〉, 1747.

Oil on canvas, 46x36.8cm. National Gallery of Art, Washington.　60p

장 프랑수아 밀레Jean-Francois Millet, 프랑스 1814~1875.

〈만종〉, 1857~1859.

Oil on canvas, 55.5×66cm. Musée d'Orsay, Paris.　123p

장 오노레 프라고나르Jean-Honoré Fragonard, 프랑스 1732~1806.

〈책 읽는 소녀〉, 1770년경.

Oil on canvas, 81.1x64.8cm. National Gallery of Art, Washington.　210p

요하네스 얀 베르메르Johannes Jan Vermeer, 네덜란드 1632~1675.

〈편지를 쓰는 여인〉, 1665~1670.

Oil on canvas, 45×39.9cm. National Gallery of Art, Washington.　15p

〈빨간 모자를 쓴 여인〉, 1665~1666.

Oil on wood, 22.8×18cm. National Gallery of Art, Washington.　20p

〈저울질을 하는 여인〉, 1664년경.

Oil on canvas, 39.7x35.5cm. National Gallery of Art, Washington.　99p

K

케르 자비에 루셀Ker-Xavier Roussel, 프랑스 1867~1944.

〈테라스〉, 1892.

Oil on canvas, 36x75cm. Musée d'Orsay, Paris.   265p

Oil on canvas, 81x59cm. Musée d'Orsay, Paris.　129p

폴 세잔Paul Cézanne, 프랑스 1839~1906.

〈변호사(도미니크 삼촌)〉, 1866.

Oil on canvas, 65x54cm. Musée d'Orsay, Paris.　271p

폴 고갱Paul Gauguin, 프랑스 1848~1903.

〈식사 또는 바나나〉, 1891.

Oil on paper glued on canvas, 73x92cm. Musée d'Orsay, Paris.　188p

폴 시냐크Paul Signac, 프랑스 1863~1935.

〈우물가의 여인들〉, 1892.

Oil on canvas, 195x131cm. Musée d'Orsay, Paris.　159p

펠릭스 발로통Félix Vallotton, 스위스 1865~1925.

〈저녁 식사, 램프가 있는 풍경〉, 1899.

Oil on panel, 57x89.5cm. Musée d'Orsay, Paris.　215p

피에르 오귀스트 르누아르Pierre-Auguste Renoir, 프랑스 1841~1919.

〈피아노 치는 여인〉, 1875.

Oil on canvas, 73.5x93cm. The Art Institute of Chicago, Chicago.　143p

〈물랭 드 라 갈레트 무도회〉, 1876.

Oil on canvas, 131x175cm. Musée d'Orsay, Paris.　146~147p

〈그네〉, 1876.

Oil on canvas, 92x73cm. Musée d'Orsay, Paris.　152p

〈시골의 무도회〉, 1883.

Oil on canvas, 180x90cm Musée d'Orsay, Paris.(좌)　183p

〈도시의 무도회〉, 1883.

Oil on canvas, 180x90cm Musée d'Orsay, Paris.(우)　183p

피에르 보나르Pierre Bonnard, 프랑스 1867~1947.

〈특석〉, 1908.

Oil on canvas, 91x120cm. Musée d'Orsay, Paris.   138~139p

〈편지〉, 1906년경.

Oil on canvas, 55x47.5cm. National Gallery of Art, Washington.   229p

라파엘로 산치오Raffaello Sanzio(Raphael), 이탈리아 1483~1520.

〈빈도 알토비티의 초상〉, 1512~1515.

Oil on wood, 60×44cm. National Gallery of Art, Washington.   19p

〈아테네 학당〉, 1483.

Fresco, 500x700cm. Musei Vaticani, Vatican City.   96~97p

〈용을 무찌르는 성 게오르그〉, 1506년경.

Oil on panel, 28.5×21.5cm. National Gallery of Art, Washington.   113p

빈센트 반 고흐Vincent Van Gogh, 네덜란드 1853~1890.

〈예술가의 초상〉, 1887.

Oil on canvas, 44.1x35.1cm. Musée d'Orsay, Paris.   5p

〈고흐의 방, 세 번째〉, 1889.

Oil on canvas, 57.5×74cm. Musée d'Orsay, Paris.   50p

〈별이 빛나는 밤〉, 1889.

Oil on canvas, 73.7x92.1cm. Museum of Modern Art (MoMA), New York.   54~55p

〈꽃 핀 복숭아나무〉, 1888.

Oil on canvas, 73x59.5cm. Van Gogh Museum, Amsterdam.   88p

〈폴 고갱의 의자 (빈 의자)〉, 1888.

Oil on canvas, 90.5x72.5cm. Van Gogh Museum, Amsterdam.   201p

〈오베르-쉬르-우아즈의 교회〉, 1890.

Oil on canvas, 94x74cm. Musée d'Orsay, Paris.   279p

W

윌리엄 호가스William Hogarth, 영국 1697~1764.

〈존 게이의 '거지 오페라' 5막〉, 1728년경.

Oil on canvas, 56x72.5cm. Tate Gallery, London.   194~195p

윌리엄 마이클 하넷William Michael Harnett, 미국 1848~1892.

〈나의 보물〉, 1888.

Oil on wood, 45.7x35cm. National Gallery of Art, Washington.   261p

윈슬로 호머Winslow Homer, 미국 1836~1910.

〈세찬 바람〉, 1873~1876.

Oil on canvas, 61.5×97cm. National Gallery of Art, Washington.   204~205p

아들아, 머뭇거리기에는 인생이 너무 짧다 Ⅴ
강헌구의 인성수업

펴   냄   2016년 4월 21일 1판 1쇄 박음 | 2016년 5월 16일 1판 4쇄 펴냄
지 은 이   강헌구
펴 낸 이   김철종
펴 낸 곳   (주)한언
등록번호   제1-128호 / 등록일자 1983. 9. 30
주   소   서울시 종로구 삼일대로 453(경운동) KAFFE 빌딩 2층(우 110-310)
              TEL. 02-701-6911(대) / FAX. 02-701-4449
책임편집   장여진
디 자 인   정진희, 이찬미, 김정호
마 케 팅   오영일, 박영준
홈페이지   www.haneon.com
e-mail   haneon@haneon.com

이 책의 무단전재 및 복제를 금합니다.
책값은 뒤표지에 표시되어 있습니다.
잘못 만들어진 책은 구입하신 서점에서 바꾸어 드립니다.

ISBN 978-89-5596-758-6 04190
         978-89-5596-757-9 04190(세트)

이 도서의 국립중앙도서관 출판예정도서목록(CIP)은 서지정보유통지원시스템
홈페이지(http://seoji.nl.go.kr)와 국가자료공동목록시스템(http://www.nl.go.kr/
kolisnet)에서 이용하실 수 있습니다.(CIP제어번호: CIP2016008548)

한언의 사명선언문

Since 3rd day of January, 1998

Our Mission – 우리는 새로운 지식을 창출, 전파하여 전 인류가 이를 공유케 함으로써 인류 문화의 발전과 행복에 이바지한다.

– 우리는 끊임없이 학습하는 조직으로서 자신과 조직의 발전을 위해 쉼 없이 노력하며, 궁극적으로는 세계적 콘텐츠 그룹을 지향한다.

– 우리는 정신적, 물질적으로 최고 수준의 복지를 실현하기 위해 노력하며, 명실공히 초일류 사원들의 집합체로서 부끄럼 없이 행동한다.

Our Vision 한언은 콘텐츠 기업의 선도적 성공 모델이 된다.

저희 한언인들은 위와 같은 사명을 항상 가슴속에 간직하고
좋은 책을 만들기 위해 최선을 다하고 있습니다.
독자 여러분의 아낌없는 충고와 격려를 부탁드립니다.

• 한언 가족 •

HanEon's Mission statement

Our Mission – We create and broadcast new knowledge for the advancement and happiness of the whole human race.

– We do our best to improve ourselves and the organization, with the ultimate goal of striving to be the best content group in the world.

– We try to realize the highest quality of welfare system in both mental and physical ways and we behave in a manner that reflects our mission as proud members of HanEon Community.

Our Vision HanEon will be the leading Success Model of the content group.

이 책은 작가가 풀어 놓는 인성에 관한 풍성한 이야기 보따리다. 편안하게 읽어 내려갈 수 있으며, 우리 아이들로 하여금 어떻게 행동하는 것이 올바른 것인지를 자연스레 깨우치게 만든다.

안화 고등학교 교감 김기두

우선 가르치려 드는 책은 딱 질색인데, 이 책은 그렇지 않다. 대부분의 책들처럼 치열하게 살라고 부추기지 않아서 좋았다. 무엇을 공략하고 목표를 향해 돌진하는 듯한 책들에 질려 있었는데, 이 책을 읽는 동안은 저자의 따뜻한 마음이 느껴져 편안하게 읽을 수 있었다.

ogawa16

글도 읽고 명화도 알게 되는 느낌! 그림 밑에 적혀 있는 설명을 읽으니, 유명한 그림들에 담긴 이야기도 알 수 있었고, 글의 내용을 이해하는 데에도 도움이 되었다. 여러모로 아이 교육용으로 참 좋은 책 같다.

주부 김진옥

엄친아, 엄친딸에만 환호하는 기묘한 세상 속에서 이 책은 그렇지 않더라도 괜찮을 삶에 대해 이야기하고 있으며, 그 말이 나를 북돋아 준다.

clxkh86

1등 강요하는 사회. 그래서 결과는? 인성 문제는 뒷전으로 두었던 결과는 어떤가? 세상이 갈수록 흉악해지고 있다. 사이코패스 범죄 등, 인격적 결함들이 범죄로 이어지고 있는 요즘, 우리 아이들에게 인성 교육이 시급하다. 작가는 인성에 관한 다양한 이야기를 폭넓게 들려 주고 있다. 무엇보다 이 책의 장점은 이 책을 읽은 아이들이 스스로 깨달을 수 있도록 성심성의로 전해 주고 있다는 점이다.

국립 안동 대학교 교수 김정민

좋은 성품을 가진 사람들의 이야기가 여러 편 실려 있다. 이 책은 인성에 대해 학문적으로 깊이 파고드는 골치 아픈 책이 아니다. 이 다음에 좋은 사람이 되라고 조언해 주는 따뜻한 부모님의 말 같은, 마음으로 읽는 책이다.

mint_ade

이 책은 인성에 대한 거창한 지식을 다루고 있지 않다. 유명 인사의 일화를 포함한 다양한 이야기들을 통해 아이들로 하여금 스스로 깨우치게 한다. 인간미 있는 사람, 인간성 좋고 예의 바른 사람, 더불어 살아가기 좋은 사람에 대해 이야기하고 있다. 이 책은 우리 아이들에게 그런 사람이 되는 것이 좋지 않겠냐며 섬세하고 친절하게 권하고 있다.

강연 및 저술가 조관일

평범한 이야기들 같다. 그런데 이상하게 와 닿는다. 이 책이 담고 있는 순박한 내용들을 보니, 각박한 세상 속에서도 아름답게 살고 싶어진다.

moii_moi

깎아 놓은 듯한 훌륭하고 완벽한 사람이 되라고 이 책은 말하지 않는다. 오히려 훌륭하지 않아도 괜찮다고 이야기하고 있다. 이 책은 그저, 이 세상을 살아가는 데 있어 가장 중요한 사람됨이 무엇인지, 진심을 다해 인간미 있게 살아가자는 이야기를 담고 있다.

의사 및 상담가 정태근

이 책은 우리에게 못나도, 평범해도 충분히 괜찮고 아름답다고 말해 주고 있다. 읽으면서 눈물이 날 것 같았다.

lovesaj

요즘 문제가 되는 온라인 커뮤니티들이 많다. 우리 아이들에게 인성에 대해 어떻게 일러 주어야 할까. 이 책은 부드러운 어투로 아이들에게 조언하듯 이야기를 서술해 나가는데, 참 따뜻한 책이라는 생각이 든다.

안산 이든샘 유치원장 주영순

직장 생활을 30년간 해 보니, 성공에 있어 가장 중요한 것은 치열하게 공부하는 것도, 뛰어난 직무 능력도 아니었다. 인성이었다. 결국 모든 일은 사람과 사람이 얼굴을 맞대고 일구어 내는 일이기 때문이다. 이 책은 강요하지 않는다. 우리 아이들에게 어떤 자세로 삶을 살아가는 것이 좋을지 생각해 보게 만든다.

삼성전자 인사부장 정재표